歴史文化ライブラリー
537

イヌと縄文人

狩猟の相棒、神へのイケニエ

小宮 孟

吉川弘文館

目　次

縄文犬の用途

情報源としての骨——プロローグ

壊れて出土する動物の骨

縄文時代の貝塚を発掘すると、大量の貝殻や土器片などに混じって大小の動物の骨が出土する。骨は完全な形をしたものはなく、手足と思われる骨は関節の部分からはずされ、ラーメンの出汁《だし》取りに使ったトンコツのように勢いよく叩き割られている。このような骨の壊れ方から貝塚から出土する動物骨の大部分は、縄文人が食料などに利用するためにバラバラに解体し、調理した動物に由来すると考えられている。出土した骨の動物の種類や年齢ごとの量などを比較することで、縄文人が主に狩猟対象にしていた動物の種類などを知ることができる。

しかし、出土した骨は大きく壊れているので、いきなり骨をみせられてもどのような種類の動物のどの部分の骨なのかさっぱりわからない。私たちは学生の頃から現生の動物を手に入れて骨格標本をつくったり、既製の標本や図鑑などと出土した骨の形を比較したりする。比較用の骨格標本は辞書のようなものである。最初はわかりにくいが、いろいろ角度を変えてみているうちに骨のどの部分に注目して比較すればよいかがわかってくる。そうして調べていくと、遺跡から発掘された大きな骨の大部分がイノシシやシカの骨であること、骨を部分別に分けると前肢《まえあし》の骨が多いとか下顎骨が多いとか動物の種類によって多く出土する骨が違うこと、また貝塚から出土するイノシシやシカの骨は、現在のイノシシやシカの骨よりも頑丈で大きいということなどがわかってくる。頭骨の上下の顎には固い歯があるが、上顎と下顎の歯は形が違う。動物の歯は、その動物が主に何を食べているかで歯の形や数が違うので、図鑑などではその特徴を系統的に取り上げている。

縄文犬の骨

筆者が手元においているイヌの比較標本は山梨県で飼われていた甲斐《かい》犬で、地元の保護団体の方に協力いただいて埋葬されていたイヌを掘っていただいた。

縄文犬の骨は、日本犬の柴《しば》犬や甲斐犬の骨とサイズや手足のプロポーションがほぼ等しいので、縄文犬は現代の柴犬や甲斐犬に似た小形犬が主流だったと考えられている。遺跡から出土するイヌの骨は、イノシシやシカの骨に比べるとサイズが非常に小さく、骨の厚さも薄いので壊れやすい。発掘中には目立たないので、発掘中の見落としなどで回収できるイヌの骨は実際に遺跡に残されている骨の数より少ないと思われる。

縄文遺跡出土のイヌの骨とイノシシやシカなどの野生動物の骨とで最も大きな違いは、イヌの骨がしばしば埋葬された状態で発見されることである。埋葬されたイヌの骨は頭から胴体、手足の骨まで解剖学的な位置を保ったまま出土する。発掘中に最初に発見した骨をすぐに取り上げずに骨の周辺を掘り広げるようにして丁寧《ていねい》に骨を追っていけば、イヌの全身の骨を発掘できる。丁寧といっても強烈な夏の太陽光などに骨を長く晒《さら》していると乾燥と紫外線で骨が脆《もろ》くなるので、パラソルなどで直射日光を避けながら手早く掘り上げる。そうして掘り上げたイヌの様子が、当時の縄文人がイヌを埋葬した状態を示しており、彼らがどのような場所に、どのような気持ちで埋葬したかを考える際の直接の手がかりとなる。写真と正確な実測図をとり、記録に残す。また、縄文犬の全身の骨の形状を専門的に観察することでイヌのサイズや性別、年齢、行動など生前の生活を復元することができる。

骨が残らない日本の遺跡

縄文人の狩りに由来する野生動物の骨には、彼らの狩りや調理の様子を復元するときのヒントが沢山かくされている。しかし、このような骨は、全国のすべての縄文遺跡から出土するわけではない。国内の土壌はほとんどが酸性なので、縄文人が食べ残した骨は時間の経過とともにすべて分解してしまうからである。骨が残されている貝塚や石灰岩洞窟遺跡は、日本全体の縄文遺跡の中では数が少なく、むしろ例外的な遺跡であることに注意が必要である。

日本列島は温暖で降水量が多く、年間のすべての月で降水量が蒸発量を上まわっている。そのため土壌の中の水分はいつも上から下方向に動き、土壌中のカリウムやカルシウムなどの塩基《えんき》類をいっしょに流してしまうので、高所や台地上の土壌は大部分が酸性になっている（三土一九九七）。しかし、貝塚には縄文人が食用としたあと捨てた大量の貝殻が厚く堆積しており、また石灰岩洞窟遺跡の周辺の地層には石灰岩の層が厚く堆積している。石灰岩や貝殻の主成分である炭酸カルシウム（$CaCO_3$）は純粋な水には簡単には溶けない。しかし、空気中の二酸化炭素を含んだ雨水（弱酸性の炭酸水）があたると炭酸水素カルシウムとなって溶け出し、石灰岩地帯では鍾乳洞《しょうにゅうどう》などがつくられる。貝塚では同様に雨水があたる地表近くの貝殻は溶けるが、炭酸水素カルシウムの飽和水《ほうわすい》がいきわたった下層の

〈雨が空気中の二酸化炭素を含んで弱い炭酸水になる〉

CO_2（二酸化炭素）＋ H_2O（水）＝ H_2CO_3（雨水）

〈貝塚の表層に弱酸性の雨水があたると，貝殻の主成分である炭酸カルシウムが溶ける〉

$CaCO_3$ 〈炭酸カルシウム〉 ＋ H_2CO_3 〈雨水〉 ＝ $Ca(HCO_3)_2$ 〈炭酸水素カルシウム〉

〈雨水がとどかない貝層の中層以下では，貝殻は溶けない〉

〈骨は，主にリン酸カルシウムと水酸化カルシウムが複合したハイドロキシアパタイトとコラーゲンでできている．固い組織だが，酸に溶ける〉

〈貝層中の骨は炭酸カルシウムと結合して，溶けにくい性質を得ると考えられている〉

$Ca_{10}(PO_4)_6(OH)_2$ 〈ハイドロキシアパタイト〉酸で溶けやすい ＋ $CaCO_3$ 〈炭酸カルシウム〉

→ $3Ca_3(PO_4)_2 \cdot CaCO_3$ 溶けにくい

貝殻は溶けない。いっぽう、リンとカルシウムを主成分とする固い骨は、肉や脂《あぶら》などの軟組織に比べて分解しにくいが、酸性土壌中では比較的短時間で溶ける。しかし、貝塚や石灰岩洞窟など炭酸カルシウムが豊富な環境下では、炭酸カルシウムと結合して簡単には溶け出さない構造に変化すると考えられている（渡邊一九五〇）。

広い干潟が貝塚をつくり骨が残った

規模の大きな貝塚がつくられるには、縄文人が住んでいる集落の近くに二枚貝や巻貝などが大量に生息する広い干潟《ひがた》があって、彼らが毎日のように潮干狩りをする環境が必要である。東京湾では氷期が終わったあとの、いわゆる縄文海進《かいしん》で上昇した海水面が湾を囲む台地を浸食《しんしょく》して台地を後退させ、その前面に広い海食台《かいしょくだい》をつくった。また、小櫃《おびつ》川、養老《ようろう》川、利根川、荒川などの東京湾に流入する大小の河川の搬出物《はんしゅつぶつ》が三角州《さんかくす》の前進と入江の埋立てを進め、海食台の上に広い干潟を形成した（貝塚ほか一九七九）。こうして縄文時代前期になると、それ以前にはハイガイやマガキなどがわずかに生息する小さな泥の干潟しかなかった東京湾の沿岸に、ハマグリやイボキサゴなどが多くすむ広く遠浅の砂泥干潟が出現し、大きな貝塚がつくられる環境が整った。

現在の日本では川の河口付近の三角州や沖積低地は都市や農地に変えられて人口が集中

し、陸上の野生動物は山間部に追われている。しかし、貝塚から出土する陸上哺乳類は森やその縁辺部に生息する動物で構成されるので、当時は森林が内陸の山間部から海岸まで連続的につづいており、森林にすむ動物が海岸付近まで出没していたと推定される。沿岸部で貝塚をつくった縄文人は、これらの陸上動物や干潟や沿岸に群生する魚介類や海草類などを得ることで生計をたてていたと考えられる。

縄文犬は世界最古級？

筆者が知るかぎりでは最古の縄文犬の年代は、放射性炭素年代で約八五〇〇年前と考えられている。いっぽう、考古学的に世界で最も古いとされるイヌの放射性炭素年代は後述のように約一万二〇〇〇年前とされている。これが事実なら、縄文犬は世界最古級のイヌとあまり大きな年代差がない古いイヌである可能性がある。

そのようなことから、本書では最初にイヌの起源を動物考古学の視点からどう考えるか、筆者の個人的な考えをまじえて簡単にふれてみたい。つぎに、筆者が調査する機会のあった縄文犬骨を中心に、その形態的、解剖学的な特徴について述べ、その出土状態などについてふれる。そして、それらの研究成果にもとづいた縄文人とイヌの関係を考えるという構成で進めていきたい。

なお、考古学の資料は年代の扱いが厄介《やっかい》である。本書では考古学で一般的に使われる「縄文時代後期中葉」や「○○式期」などの土器編年にもとづく相対年代の表記を多く用いているが、暦の年代ではないのでこれだけでは資料がどれくらい昔のものなのかわからない。また、時間的な前後関係も不明である。周知の放射性炭素年代（以下では^{14}C年代と略称）、または新しく知られた^{14}C年代を使って「約八○○○年前」など、おおよその年代を併記した。

^{14}C年代は、大気中の^{14}Cの濃度が現在も過去も一定であることを前提にしている。しかし、年代の明らかな考古資料の年代と^{14}C年代から算定された暦年代にずれがあることは早くから知れており、この前提は成立しない。大気中の^{14}Cの濃度は経年変動している。変動の実態については樹木の年輪や海洋底の堆積物の年縞《ねんこう》などを用いた研究が現在も世界各地域で進んでいる。また、海洋水の^{14}C濃度には地域差があり、さらに海洋水は古い二酸化炭素（CO_2）を含む深層から表層の間で大きく循環しているため、海水中に溶けている^{14}Cの濃度は大気中に比べて低くなる。そのため海洋の表層水を吸収している貝殻などの海産物を試料として^{14}C年代を測定すると地域差が出るほか、同じ遺跡のものでも大気中の二酸化炭素（CO_2）を直接固定している陸上植物の試料よりも年代が古く出ることがわかっている（中

村ほか二〇一二)。^{14}C年代は、厳密な意味では最新の研究データにもとづいて暦の年代とのずれを換算(較正)した暦年較正年代《れきねんこうせいねんだい》(以下では較正年代と略称)で示す必要がある。本書では較正した年代を引用した場合は、較正年代という注記を記すようにした。いずれの場合も測定値や較正の詳細は引用文献に当たってほしい。

動物考古学とイヌ

アイン・マラッハ遺跡の子イヌ

イヌの起源

イヌはオオカミから家畜化されたという考えが現在では有力だが、いつ頃、どの地域でイヌがつくられたかについては、考古学、遺伝学、動物学などさまざまな分野で研究がつづけられている。少し前までイヌの起源地はイランからレバント地方に至る西アジアと考えられていたが、その後、中国を中心とする東アジア起源説やヨーロッパ起源説などが提唱された。さらに最近ではイヌの起源は従来考えられていたような単元でなく、ユーラシア大陸の東と西、すなわち東アジアとヨーロッパの二ヶ所でほぼ同時につくられたという二元説まで出されており、確実なことはよくわかっていない。

現生種のオオカミは、アラビア半島を中心に生息するアラビアオオカミやインド北部を中心に生息するインドオオカミなど最小の亜種まで含めると、その形態的、計測的な特徴はイヌとは連続的で、どこで線を引くか明確でない。また、遺伝子解析は生物学的な系統関係を解読するのに決定的な役割をはたし、その重要性が増している。現代のオオカミとイヌにはわずかな形態差や遺伝的な違いがあるが、これらの差は時代をさかのぼるにつれて小さくなると考えられるので、イヌとオオカミの中間的な特徴をもつ始原イヌ（dog/wolf）については専門家の解釈が分かれている。

動物考古学からみたイヌの起源

イヌにはさまざまな特徴があるが、ほかの家畜にはみられない重要な特徴は、人との視線のやりとりや吠えたり鼻を鳴らしたりすることなどをつうじて、人と複雑なコミュニケーションを交わせる点だろう（今野二〇一九、薮田二〇一九）。

遺跡出土の動物遺存体を扱う動物考古学者は、運がよければ発掘現場でイヌの埋葬骨に遭遇する。イヌを埋葬した場所やその埋葬姿勢にはイヌを埋葬した人たちの意思が反映されているので、埋葬骨の出土状態を記録した図面、日誌、写真などが残されていれば、それらを細かく検討すると生前、そのイヌと人との間のコミュニケーションの有無を推測できる。これが動物考古学のほかの分野にない強みである。そこで、遺跡出土の始原的なイヌが生物学的にイヌかオオカミかが不明でも、出土状態から生前における人とのコミュニケーションをうかがわせるものをイヌと仮定すると、現在までに知られている動物考古学的に最も古いと考えられるイヌは、^{14}C年代で約一万二〇〇〇年前のイスラエルのアイン・マラッハ（Ein Mallaha）遺跡出土の一体の幼犬（wolf or dog puppy）だろう。この幼犬は住居跡に葬《ほうむ》られた一人の高齢者の遺体に隣接して埋葬されていた。高齢者は身体の左側を上にして両膝を深く折り曲げた横位で埋葬され、高齢者の額は幼犬に接し、伸ばした左手は幼犬の胸の上に置かれている。幼犬の年齢は乳歯の萌出《ほうしゅつ》状態などから生後三～五ヶ月と推定され、下顎《かがく》第三乳臼歯《にゅうきゅうし》（dm_3）の歯冠最大長は、イスラエルとトルコの現代オオカミおよびイヌの同じ歯の計測値と重なるという（Davis & Valla, 1978）。したがって、生物学的にはオオカミかイヌか判定できないが、出土状態からみるかぎりでは、高齢者と幼犬は生前からコミュニケーションがとれた顔見知りの間柄《あいだがら》だったと考えるのが自然であろう。

アイン・マラッハ遺跡とほぼ同時代のヨーロッパの遺跡からも人に長く飼われつづけていたことを想起させるイヌや、人の保護を受けていたと思われるイヌが出土している。^{14}C年代で約九五〇〇年前のイギリスのスターカー（Star Carr）遺跡からは、上顎《じょうがく》が前後に短縮して歯列に異常がみとめられるイヌの頭骨《とうこつ》が複数個体出土した。顎が短縮し、歯並びの悪い野生動物が世代を重ねて生き残ることは考えにくいので、この遺跡で何世代にもわたってイヌが飼われていた証拠とされている（Degerbøl, 1961）。また、約一〇〇年前に発掘されたドイツのオーバーカッセル（Oberkassel）遺跡からも埋葬された人のそばに埋葬された生後七ヶ月の幼犬をはじめ、^{14}C年代で約一万四〇〇〇年前の複数のイヌの遺体が出土していたことが新たに知れた。それによると、幼犬の骨には生後まもなくして犬ジステンパーにかかった痕跡がみとめられ、人の保護を受けていた可能性があるという（Janssens *et al.* 2018）。ただし、イヌの埋葬姿勢やイヌのそばから出土したとされる埋葬人骨との同時性や位置関係などは不明で、アイン・マラッハ遺跡のイヌのように人との関係は明確でない。

イヌの家畜化

ヨーロッパの始原イヌ

ベルギーとチェコの洞窟遺跡から出土した^{14}C年代で約三万年前の複数のイヌ科動物化石の頭骨は、多変量解析《たへんりょうかいせき》によってイヌ（prehistoric dog）とオオカミに同定された。オオカミに同定された頭骨の中には脳頭蓋《のうとうがい》に穿孔《せんこう》のあるものや、上顎が短縮して歯列不正を生じているもの、また生前に上顎小臼歯《しょうきゅうし》を喪失《そうしつ》した個体などがみられる。

脳頭蓋に穿孔のある始原的なイヌは^{14}C年代で約一万七〇〇〇〜一万三〇〇〇年前のウクライナの遺跡からも出土している（Sablin & Khlopachev, 2002）。詳しい出土状況は不明だが、これらは当時のオオカミもしくはイヌへの信仰に結びつくものなのだろうか？　出土標本を解析した研究者たちは、これらのオオカミはイヌとの混血か捕獲したオオカミの可能性があると考えている（Germonpré *et al.*, 2009, Germonpré *et al.*, 2012）。

群れで暮らす野生の食肉獣にとって、歯牙《しが》は狩りをして食べるためにも外敵から縄張りを保全するためにも、また群れの中での自分の地位を主張し守るためにもなくてはならない武器なので、その喪失は致命的である。後述するように、筆者が調査した縄文犬では生前に歯を喪失しても、その後も長く生きつづけた個体が多い。これは縄文犬からみれば、自分たちに食餌と身の安全を保証する縄文人の存在を前提にしているからこそできる歯牙の損傷だったと考えられる。この時代のヨーロッパの始原的なイヌが生前に歯を酷使し喪失したにもかかわらず生きつづけられたのは、同様に人の保護があったことが考えられ、当時のヨーロッパ人たちはイヌを縄文人と同じような用途に使っていたのかもしれない。

家畜化のきっかけ

私たちの遠い祖先にあたる初期人類は、家族や近親者などで構成する集団で狩りや採集生活を営んでおり、生態的にはオオカミやリカオン、ハイエナなどの食肉獣と類似した地位にあったと長い間信じられていた。しかし、初期人類は集団で狩りをする食肉獣に走力や腕力、視覚、聴覚などで圧倒的に劣っていたはずで、彼らの遺跡から出土するたくさんの動物骨からイメージされた彼らのハンターとしての像には見直しが必要となった（ジョハンソンほか一九九六）。捕食者に狙われる動物たちは、彼らがどのくらい近づいたら逃げるかというタイミングを学習しており、接近した捕食者から逃走を始める「逃走距離（flight distance）」は動物の群れごとに決まっている。大英自然史博物館のクラットン＝ブロックは、先史時代の狩人と潜在的な獲物との間の逃走距離はきわめて短かっただろうと早くから推測していた（クラットン＝ブロック一九八九）。

イヌがイヌとして家畜化されたきっかけの一つは、人が出した残飯に寄ってくるオオカミやその子を選抜することだったという仮説が有力視されている。しかしすでに述べたように、狩猟技術が未発達だったと考えられる当時の人類の残飯は炭水化物が主体で、オオカミが主食とする動物の肉の占める割合は少なかっただろうと推測されるので、オオカミの群れが当時の人類が出す残飯に接近することが本当にあったか疑問である。肉食のオオカミは炭水化物を十分消化できないが、イヌは大量の炭水化物を消化吸収することができる。イヌへの進化の過程で突然変異が起こったと考えられている（Axelsson, *et al.*, 2013）。

当時のオオカミの群れが人の出した残飯をあさりに来ることがあったとすれば、残飯に占める動物性タンパク質の割合が増加したあとのことと考えた方がわかりやすい。ただし、人類が廃棄した動物性タンパク質がすべて陸獣に由来するとはかぎらないので、海産物などの水産物の可能性も考えておくべきかも知れない。現在知られているかぎりでは、現生人類《ホモ・サピエンス》が海産魚を利用した最も古い証拠は^{14}C年代で約四万二〇〇〇年前の東ティモールの岩陰《いわかげ》遺跡から出土した魚類遺存体と釣針である（O'Connor *et al.* 2011）。

漁撈は、海域によってはかなりの漁獲量を期待できるし、周年にわたって漁をつづけることも可能である。カナダ西海岸に生息する野生のオオカミがサケやアザラシ、甲殻類《こうかくるい》などの海産物を主要な食物にしていること（『ナショナルジオグラフィック』二〇一五年一〇月号）、獲物の少ないイスラエルの砂漠でハイエナと争いながら生きるアラビアオオカミの家族は、人が廃棄した家畜動物の死骸を食べるほかに現地住民の農園に夜中に侵入してナツメヤシ・ブドウなどの果実や植物を食べるなど、広い食性を獲得している（ＮＨＫ「ワイルドライフ」二〇一六年二月放送）。後者の場合は、人間の側に広い農園から生産される豊富な余剰《よじょう》があることで人に追われることなく成り立つ関係かと思われるが、アラビアオオカミが人と接触する以前から植物食に適応していたのかどうか興味深い。

いっぽう、海産物には地理的な制約がある。海岸部よりも内陸を中心に生活するオオカミの群れがしばしば寄りつくには、やはり人の方で陸獣の肉を多く獲得して食べ残した肉や脂《あぶら》のついた骨片などを炭水化物主体の残飯といっしょに頻繁に捨てる必要があっただろう。人類が肉食獣の影に怯《おび》えることなく強力なハンターになるには、投石や投げ槍よりも命中率が高く、なおかつ致命的な傷を与えて大型動物を確実に仕留められる「飛び道具」を手に入れてからだったろうと筆者は考えている。

有効な飛び道具

最近の研究によれば、イタリアのカヴァロ（Cavallo）洞窟遺跡の四万五〇〇〇～四万年前の層から出土した三日月形石器は、使用痕や付着物などから現生人類が弓のように射出した狩猟具の先端部と考えられている。そのように使用した場合、ターゲットに強い衝撃を与えた可能性があるという（Sano *et al*, 2019）。これが事実だとすれば、ヨーロッパの現生人類はこの頃から強力な飛び道具を手に入れた可能性がある。

命中率の高い強力な飛び道具を手にした現生人類とイヌの共同作業が人類の狩りをさらに効率的に発展させた可能性は高い（Clutton-Brock, 1995）。筆者は三日月形石器の年代が、現在までに知られているヨーロッパの始原イヌの出現期に先行する点を興味深く思っている。

いずれにしても、カヴァロ洞窟遺跡が確実に現生人類の遺跡であるのか、またこの遺跡を含めて当時のヨーロッパにおける現生人類やネアンデルタール人の遺跡動物相が必ずしも明確でないため、この頃の遺跡の動物遺存体の構成内容に顕著な変化がみられるのかどうかなど、今後の検証が必要と思われる。

晩氷期から縄文時代初頭の日本

縄文人が暮らした縄文時代というのは、レバント地方でイヌが飼育され始めた頃の最終氷期末から弥生時代が始まるまでの約一万年間にも及ぶ長い時代である。

道具の変化

最終氷期が終わる晩氷期から縄文時代初頭にかけての日本列島で暮らしていた人たちの基本的な経済は、狩猟採集だったと考えられている。これまでに知られた考古学の成果によると、彼らの居住形態、食糧の獲得に使う道具や工具類、調理や煮炊きに使う台所用品などの組み合わせは時代の経過とともに変化し、それらの中には途中で消滅したものや新しく加わったものなどがある。その背景には、この頃に起こった急速な気候の温暖化によって海水面が急上昇し、黒潮の流路や海岸線の位置、植生などが変化し、内陸でも河川流路がうつり変わるなど、自然環境に激しい変貌があったことと無関係ではないと考えられている。

図1はやや古典的な引用になるが、旧石器時代末から縄文時代初頭における石器と土器の変遷を示すもので、時間は上から下に推移する。縄文時代草創期の前半には旧石器時代の伝統をひいた尖頭器《せんとうき》（槍先）がみられるが、それもやがて姿を消し、矢の柄をつくる工具と考えられる矢柄研磨器《やがらけんまき》や石鏃《せきぞく》（矢じり）が現れる。また、植物性食糧の調理具と考えられる石皿と磨石《すりいし》、そして土器が草創期の後半に登場する。土器や石皿、磨石は早期以降になって出土例が増加する。

これら道具類の変化は、当時の人たちがこの時期の動物相、植物相の変化に適応した可能性や、大陸からの人の動きの影響などが指摘されている（稲田一九八六、春成二〇〇一、Kawamura, 2007）。

イヌはいたか？

酸性土壌が卓越する国内では、この時期の動植物遺存体がほとんど保存されていないこともあって、出土した道具類の用途を動植物との組み合わせで考える具体的な研究は進んでいない。しかし、国内から出土した哺乳類化石の

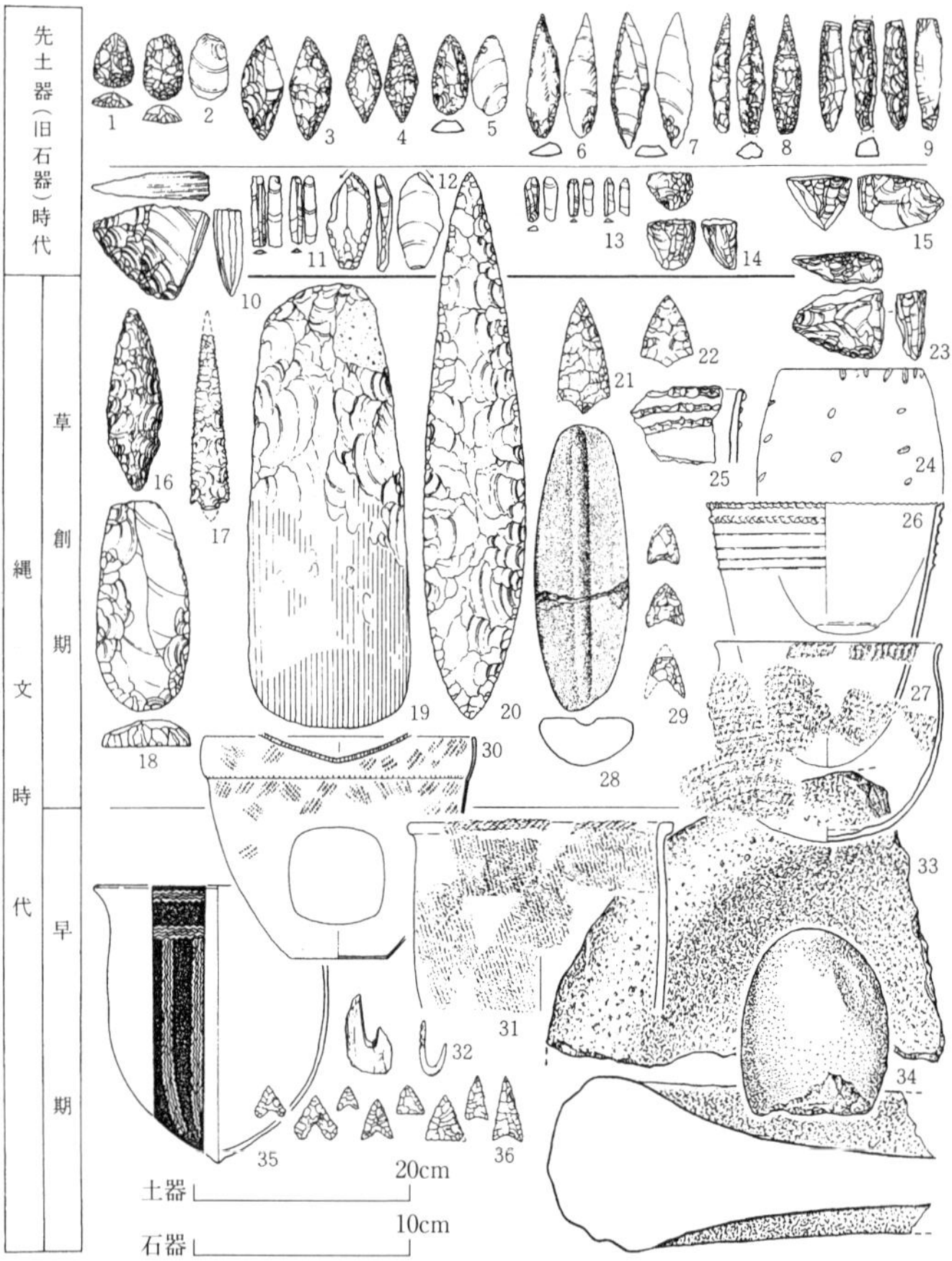

図1　旧石器時代末から縄文時代の土器・石器（稲田1986に加筆）

1・2　拇指形掻器（東京都仙川），3　東内野型尖頭器（千葉県東内野），4　尖頭器（長野県上ノ平），5　尖頭器（東京都仙川），6　尖頭器（群馬県武井），7　ナイフ形石器（埼玉県砂川），8　下城型尖頭器（熊本県下城），9　角錐状石器（熊本県下城），10　白滝型細石器（北海道置戸安住），11　細石刃（北海道置戸安住），12　荒屋型彫器（新潟県荒屋），13　細石刃（長野県矢出川），14　円錐・角柱形細石核（長野県矢出川），15　船野型細石核（宮城県船野），16　有茎尖頭器（北海道立川），17　有茎尖頭器（新潟県小瀬ヶ沢），18　掻器（長野県神子柴），19　神子柴型石斧（長野県神子柴），20　神子柴型尖頭器（長野県神子柴），21　有茎尖頭器（長野県柳又），22　有茎尖頭器（愛媛県上黒岩），23　福井型細石核（長崎県泉福寺），24　豆粒文土器（長崎県泉福寺），25　隆線文土器（長崎県泉福寺），26　隆線文土器（長野県石子屋），27　爪形文土器（福岡県門田），28　矢柄研磨器（岐阜県椛の湖），29　石鏃（広島県馬渡），30　多縄文系土器（新潟県室谷），31　撚糸文土器（東京都多摩ニュータウン NO.52），32　釣針（左は未成品）（神奈川県夏島），33　石皿（神奈川県大丸），34　叩き石・磨石（神奈川県大丸），35　押型文土器（長野県樋沢），36　石鏃（静岡県若宮）

最新の年代測定によると、旧石器時代における大形陸上動物の変化と石器の器種構成の変化との相関性は希薄である（Iwase *et al.* 2012）。なお、隆線文《りゅうせんもん》系土器の較正《こうせい》年代は一万五五〇〇～一万三二〇〇年前と推定されており（小林二〇〇七）、現在知られている最古の縄文貝塚は、それよりさらに時代がくだった撚糸文《よりいともん》系土器の時期になって現れる。

あとで述べるように、中国・華北では一万年前のイヌの下顎骨が発見されているので、この時代の日本列島でもイヌがいた可能性はあるが、いまのところ旧石器時代あるいは縄文時代初頭から日本列島に住む人たちがイヌを飼っていた証拠はみつかっていない。縄文時代の早期になって新しく加わった要素と考えられる。

初期縄文犬と縄文人

縄文犬は渡来犬

本章では、縄文時代早期から前期までの国内の遺跡から出土した犬骨にスポットを当てる。これまで知られている縄文犬のシナリオの多くは縄文時代中期以降の遺跡から出土した犬骨をベースにつくられており、出土犬骨の絶対数が少ない早前期遺跡のイヌの情報はほとんどかえりみられていない。縄文人とイヌの関係を考えるには、イヌが渡来した時期と考えられる早期までさかのぼって、総合的に検討する必要があると思われる。

話題にならない縄文初期のイヌ

本書では縄文時代早前期の人たちが飼っていたイヌを「初期縄文犬」と呼ぶことにする。早前期は、較正《こうせい》年代で縄文時代全体の約半分を占める相対的に長い時期であるが、縄文犬骨の報告例が少ないうえに、その情報があまり周知されていないので検索が容易でなく、この時期の縄文人とイヌの関係は非常にとらえにくい。筆者が調べた範囲では初期縄文犬の出土状況に顕著な地域差がみとめられるが、このことについては従来ほとんど研究者や一般の間でも話題になっていないことに注目してほしい。

神奈川県夏島貝塚の犬骨

戦後間もない一九五〇年（昭和二五）と一九五五年に東京湾に面した神奈川県横須賀市夏島町にある夏島《なつしま》貝塚が発掘され、多くの縄文時代早期土器とともに複数のイヌの骨が出土した。貝塚の堆積物は、最下層のローム層を薄く被う褐色《かつしょく》土層と、その上位に堆積する第一貝層から第三貝層までの三枚の貝層、そしてそれらの貝層の間に互層《ごそう》状に堆積する第一・第二混土《こんど》貝層に分層された（杉原・芹沢一九五七）。

イヌの骨が出土したのは、貝層の中で最も下位に堆積する第一貝層と、その上位の第一混土貝層と第二貝層の三枚の層である。埋葬犬骨は出土していない。第一貝層からは縄文時代早期前半の撚糸文《よりいともん》系土器が出土し、第一混土貝層からは早期中葉の田戸《たど》下層《かそう》式土器、そして第二貝層からは早期中葉の田戸上層《じょうそう》式土器が出土した。夏島貝塚の撚糸文系土器は発掘当時には最古の縄文土器と考えられ、第一貝層から採取したカキ殻と木炭の^{14}C年代が約九四〇〇～九二〇〇年前と測定され（Crane & Griffin, 1960）、当時の世界を驚かせた。これらのことから夏島貝塚犬骨の年代には、この測定値を採用する文献が多い。

　ところが、出土動物骨を鑑定した直良信夫が夏島貝塚犬骨として報告したのは、田戸下層式土器を伴う層から出土した右下顎骨《かがくこつ》の先端部破片と遊離した右下顎第一大臼歯《だいきゅうし》である（図2）。直良は、これが縄文犬としては最古のもので、撚糸文系土器の時期にはまだ家犬を飼育していないと考えられると記述している（直良一九七三）。夏島犬骨の出土層の記述が発掘報告書と一致しないのは、なぜだろうか？

　いくつかの可能性が考えられるが、最も可能性が高いのは遺跡から出土した獣骨の同定（骨が、どの動物のどの部分か判定すること）の問題にあると思われる。すでに述べたように、縄文遺跡から出土する動物骨のほとんどは壊れており、壊れた骨の同定は専門研究者でも正確に同定された現生標本とよく比較しないと同定ミスを犯しやすい。イヌは、最も特徴がわかりやすい頭骨《とうこつ》でも、破損の程度によってはイヌと近縁なタヌキやキツネの頭骨との区別がむずかしい。また、イヌとニホンザルは近縁ではないが、肢骨《しこつ》の関節などにはサイズや形態が類似するものがあるので、とくに壊れた標本では錯覚が生じやすく注意が必要である。

この貝塚の発掘報告書には、動物遺存体の鑑定は直良信夫と金子浩昌が指導したと記してあるが、発掘現場でも連日掘り出されるすべての動物骨の鑑定をしていたかどうかわからない。現場でイヌとして掘り上げられた骨の中に、イヌ以外のものが混じった可能性や、出土層の取り違えがなかったとは断定できない。本書では直良の見解に従って図2の犬骨の出土層を第一混土貝層と考えたいが、年代については犬骨から直接年代を測定する必要があると思われる。

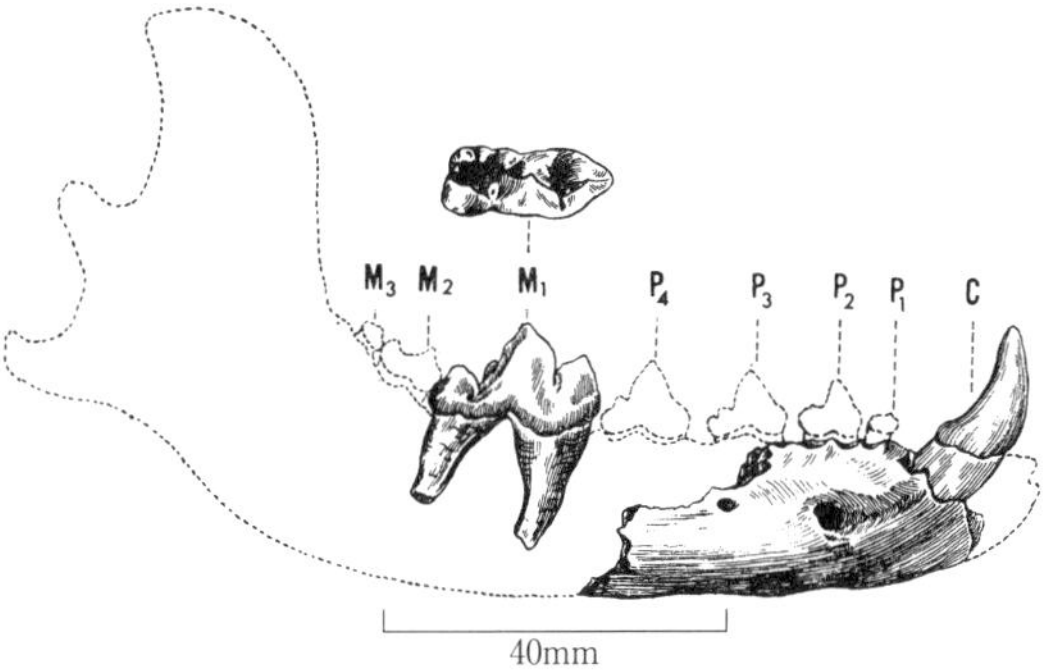

図2　神奈川県夏島貝塚犬骨（直良1973）

夏島貝塚犬骨の出土層が第一混土貝層だとしても、この犬骨が「国内最古のイヌ」であることに変わりないだろうか？

ニホンオオカミとの関係

夏島貝塚犬骨（図2）の第一大臼歯（以下ではM_1と略称）の歯冠長は一九・七ミリである（直良一九七三）。全国一三三個体の縄文犬のM_1歯冠長の平均値（一八・七±一・〇ミリ：小宮未発表）と比較すると、縄文犬としてはごく平均的なサイズである。いっぽう、現生のニホンオオカミ六個体のM_1歯冠長の平均は二四・二一±〇・八ミリ（小宮未発表）で、タイリクオオカミのM_1はさらに大きく、下顎骨のサイズも縄文犬よりはるかに大きい。

　このような縄文犬と東アジアのオオカミおよびニホンオオカミとの歯牙《しが》や骨のサイズの明確な差は、すでに戦前の日本の研究者が指摘している。その結果、小形犬を主流とする縄文犬は国内のオオカミからつくられたものではなく、大陸からの外来犬と考えられるようになり、当時の論議の中心は縄文犬の渡来ルートに移っていった（斎藤一九三六、長谷部一九二九・一九四三a・一九四三b、太田一九八〇）。

　なお、ニホンオオカミと世界各地のオオカミおよびイヌのミトコンドリアDNAに関する最新の系統解析によると、ニホンオオカミは単系統（生物進化の系統樹でいうと一つの枝に相当する群れ）を形成する。遺伝子の分析結果を遺伝的に近いものどうしを結んだ系統樹でながめると、ニホンオオカミはニホンオオカミだけで一つのクラスターをつくる。そのクラスターには大陸のオオカミや世界各地のイヌは入ってこないので、遺伝的には周辺地域のオオカミやイヌからは孤立した集団であることがわかる。また、ニホンオオカミが日本列島に渡来した時期は約一三万年前にさかのぼり、その後も大陸のオオカミ集団からは長く孤立していたと考えられている（石黒二〇一二、Matsumura *et al.* 2014）。このようなことから縄文犬が国内のオオカミからつくられたものでないことは遺伝学的な研究からも裏づけられている。

夏島貝塚の地理を大陸の方から鳥瞰《ちょうかん》すると、弧状に連なった日本列島の中で一番太平洋に突き出た場所にあって大陸からは地理的に最も離れている。縄文犬の祖先のイヌたちが人々に連れられて大陸から日本列島にやってきたとすれば、最古の縄文犬の出土地としてはやや不自然な位置にある。しかし、夏島貝塚の発掘からすでに七〇年近くの時間が経過しているが、撚糸文土器の時期の遺跡やそれ以前の遺跡から犬骨が出土した報告はまだ確認されていない。この時期の日本列島にイヌはいないか、いたとしても非常にまれだったと考えられる。

最古の縄文犬骨をめぐって

夏島貝塚犬骨の出土層が田戸下層式土器を伴う第一混土貝層だとすると、これと同一層準から出土した可能性がある犬骨は意外なことに多い。

早期中葉の犬骨

田戸下層式は早期中葉の貝殻文沈線文《かいがらもんちんせんもん》系土器群の中頃に位置づけられている。この土器群は北海道から東日本までの広い範囲に分布し、同時期の本州から四国、九州には押型文《おしがたもん》系土器群が分布する（小林一九八九）。筆者が知るかぎりでは、貝殻文沈線文系土器群に伴うものは、この夏島貝塚の犬骨だけだが、押型文系土器に伴うイヌの骨は、長野県南佐久郡北相木《きたあいき》村の栃原岩陰《とちはらいわかげ》遺跡（宮尾ほか一九八〇、宮尾ほか一九八七）、愛知県知多郡南知多町の先苅《まずかり》貝塚（渡辺一九八〇）、広島県神石《じんせき》郡神石高原町《じんせきこうげんちょう》の帝釈観音堂《たいしゃくかんのんどう》洞窟遺跡Ⅰ《アイ》層（石田一九七八、河村一九九二）、愛媛県上浮穴《かみうけな》郡久万高原町《くまこうげんちょう》の上黒岩岩陰《かみくろいわいわかげ》遺跡Ⅳ層（江坂ほか一九六七：後述のように、上黒岩岩陰遺跡Ⅳ層の犬骨の年代は、その後の^{14}C年代測定によって早期末～前期初頭に変更された）、長崎県松浦《まつうら》市鷹島《たかしま》海底遺跡（木村一九九三）から出土している。ただし、これらの遺跡はいずれも堆積物の層序が見極めにくい洞窟遺跡や海底遺跡などであることに注意が必要である。

また、出土したイヌの骨も関節から外れた単独の骨片や顎から抜け落ちて遊離した単独の歯（遊離歯《ゆうりし》）であるため堆積物の中を移動しやすく、発掘によって記録された出土層位がはたして本来、骨があった層なのか課題がある。今後は、これらの犬骨を直接年代測定する必要があると思われる。

もし、これらの遺跡の犬骨の時期が早期中葉に確定すれば、遺跡は東日本から九州までの広い範囲に分散するので、出土遺跡の地理分布に先述のような不自然さはなくなる。なお、早期押型文系土器の出土層から採取した試料による周知の^{14}C年代は約八六〇〇～八三〇〇年前である（Crane & Griffin, 1958、宮尾ほか一九八七）。

押型文系および貝殻文沈線文系土器群に後続する早期後半の土器群は、本州では貝殻条痕文《じょうこんもん》系土器群、九州では塞ノ神《せのかん》式、平栫《ひらがこい》式などがある。

早期後半の犬骨

犬骨を出土した主な早期後半の遺跡は、青森県八戸市赤御堂《あかみどう》貝塚（小林一九八九）、宮城県名取市宇賀崎《うがさき》貝塚下部貝層（茂原ほか一九八〇）、千葉県香取市城ノ台南《しろのだいみなみ》貝塚（茂原一九九四）、千葉県旭市桜井平《さくらいたいら》遺跡（小宮一九九八a）、神奈川県横浜市金沢区野島貝塚（直良一九七三）、神奈川県横浜市港北区宮の原貝塚10層（金子一九七二）、広島県帝釈観音堂遺跡H層（石田一九七八、河村一九九二）、愛媛県上黒岩岩陰遺跡（Komiya *et al.* 2015）、佐賀県佐賀市東名《ひがしみょう》遺跡（丸山ほか二〇〇九）などがある。

全国的にみると犬骨を出土した遺跡数は少なく、発見されたイヌの骨も壊れた状態で単独で出土したものや遊離歯などで早期中葉の遺跡と似たような傾向にあるが、その中で注目すべき遺跡は上黒岩岩陰遺跡と東名遺跡、宮の原貝塚である。

【上黒岩岩陰遺跡】　上黒岩岩陰遺跡は国内最古の埋葬犬骨二体が出土したことで注目される。犬骨の年代は出土犬骨を直接測定した^{14}C測定値からの較正年代で七四一四〜七二七三年前（Gakuhari *et al.* 2015）と決定された。従来の土器編年では早期末から前期初頭に相当する。詳細はつぎの「埋葬されたイヌたち」の章で述べる。

【東名遺跡】　東名遺跡は有明海北岸の沖積低地に埋没していた遺跡で、六地点で貝塚貝層が形成されている。犬骨は第一貝塚から頭蓋骨《とうがいこつ》五点、第二貝塚から下顎骨一〇点のほか早期後半の塞ノ神式土器を伴う多くの犬骨が出土した。

頭蓋骨五点のうち計測可能となった三点の頭蓋最大長は、一六七・八、一七八・二、一七六・二ミリである（丸山ほか二〇〇九）。これを全国六四体の縄文犬の頭蓋最大長の平均値一五八ミリ（小宮未発表）と比較すると三点とも一〇〜二〇ミリ前後大きい。頭蓋骨には脳を入れる頭蓋腔《とうがいくう》や鼻腔《びくう》などの中空構造がある。その内部や周囲を支えていた筋肉などの軟部組織が腐ると、イヌの頭蓋骨を構成する骨は薄いので土圧などの外力に抗しきれなくなる。すぐに土などで被われないかぎり、遺跡でイヌの頭蓋骨が原形のまま保存されることはまれである。東名遺跡のイヌ頭蓋骨は五点とも破損が軽度なので、放置されたあと短時間のうちに埋没したと考えられる。全身の骨が揃った埋葬骨だったものが撹乱《かくらん》などの影響で頭蓋骨だけが残存したとも考えられるが、五点ともすべて下顎骨や胴体の骨を伴わないので、その可能性は低く、この遺跡の縄文人が意図的に頭蓋骨だけを遺跡に放置した可能性が考えられる。

なお、この遺跡の貝塚貝層から採取した堅果《けんか》類試料による^{14}C測定値から求めた較正年代によると、貝塚がつくられ始めた時期は第一貝塚、第二貝塚ともほぼ同時の八〇〇〇～七八五〇〇年前である。また、その後の海進の影響などによってこの遺跡の縄文人がこの場所に貝殻を捨てるのをやめたと考えられる時期は、第一貝塚が較正年代で七九五〇～七八五〇年前、第二貝塚が七八〇〇～七七〇〇年前頃と算定されている（中村二〇〇九）。貝塚から出土した犬骨の年代もすべてこの間に入ると推定されるが、この年代推定に大きな間違いがなければ、東名遺跡のイヌは上黒岩岩陰遺跡の埋葬犬骨よりも古いイヌだということがわかる。

【宮の原貝塚】　宮の原貝塚からは、貝殻条痕文系土器初期の子母口《しぼくち》式土器を伴う第三貝層（10層）とその上位の9層から、それぞれ一組ずつのイヌの頭蓋骨と下顎骨および若干の肢骨が出土した模様である。

報告書にはイヌの骨について詳しい記述がないので、頭骨と若干の肢骨が同じ場所からまとまって出土したのか、それとも壊れた骨がバラバラに出土したのか、あるいは東名遺跡のようにほとんど完存の状態の頭蓋骨が出土したのか正確なことは読み取れない。

しかし、同じ遺跡の6層（前期末～中期初頭）からは壊れたイヌの頭骨のほかに肩甲骨《けんこうこつ》、寛骨《かんこつ》、四肢骨など多くのイヌの骨が出土したことが報告されている（金子一九七二）。6層出土のイヌの骨は文面から判断すると第三貝層と9層と異なり、もともと埋葬犬骨だったものが撹乱されてばらばらの骨として採集された可能性をうかがわせる。しかし、第三貝層と9層のイヌの骨の記述はこれとは違い頭蓋骨と下顎骨が二組出土したように読めるので、ここでは頭骨二組が出土したと理解した。

縄文遺跡からイノシシやイルカなどの哺乳類の頭骨が胴体から切り離された状態で出土することはしばしば報告されるが、イヌの頭蓋骨が単独で出土したという報告は初期の縄文犬だけにみられる特徴である。

縄文前期の犬骨

縄文時代前期の北海道・東北地方では尖底《せんてい》押型文系、前期大木式《だいぎ》、円《えん》筒《とう》下層式、関東・中部地方では羽状《うじょう》縄文系、近畿・東海・中国・四国地方では北白川《きたしらかわ》下層式、九州地方では曽畑《そばた》式土器が盛行する。この時期の犬骨出土遺跡で特徴的なことは、埋葬骨を出土する遺跡とイヌの頭骨だけを単独出土する遺跡が時期的に並行してみられること、そして、関東の遺跡から大量の散乱した犬骨が出土することの三点である。

出土遺跡の特徴

前期の主な犬骨出土遺跡は表1のとおりである。前期になると、犬骨の出土遺跡数と一遺跡あたりの犬骨の出土頻度が早期後半より増加するようにみえる。しかし、これまで述

表1　縄文前期の主な犬骨出土遺跡

遺　跡　名	所　在　地	典　　拠
天都山貝塚	北海道網走市	畠山1967
東釧路貝塚	北海道釧路市	金子1983
美沢4遺跡	北海道苫小牧市	西本1980
宇賀崎貝塚6層	宮城県名取市	茂原ほか1980
清水貝塚貝層下部	岩手県大船渡市	西村ほか1958
花積貝塚	埼玉県春日部市	斎藤1940
水子貝塚	埼玉県富士見市	茂原1995
新田野貝塚Ⅴ～Ⅶ層	千葉県夷隅郡大原町	小川ほか1975
神門遺跡	千葉県千葉市中央区	茂原1989
菊名貝塚	神奈川県横浜市港北区	直良1980
元町貝塚	神奈川県横浜市中区	茂原2008
西ノ谷貝塚	神奈川県横浜市都築区	土岐・竹下1936
南太閤山Ⅰ遺跡	富山県射水市	西本1986
小竹貝塚	富山県富山市	山崎ほか2014
三引遺跡	石川県七尾市	茂原2005
鳥浜貝塚	福井県三方上中郡若狭町	福井県教育委員会1987，茂原ほか1991
大曲輪遺跡	愛知県名古屋市瑞穂区	金子1983
目久美遺跡	鳥取県米子市	井上1986
佐太講武貝塚	島根県八束郡鹿島町	内山1994
新延貝塚XIII～XVII層	福岡県鞍手郡鞍手町	木村1980
伊木力遺跡	長崎県西彼杵郡多良見町	松井1990
宇宿小学校構内遺跡	鹿児島県奄美市	茂原・土肥2003

べてきた時期区分は土器区分にもとづくので、一定期間内に起こった出来事の件数を比較するのは適切ではない。小林謙一による関東地方の縄文時代前半期の較正年代を参考にすると、撚糸文系土器が約一万一五〇〇～一万五〇〇〇年前、無文・沈線文系土器が約一万四五〇〇～八五〇〇年前、条痕文系土器が約八五〇〇～七〇〇〇年前、また前期初頭の花積下《はなづみした》層式土器が約七〇〇〇年前、そして前期最終末の十三菩提《じゅうさんぼだい》式土器が五四七〇年前である（小林二〇〇七）。この見解に従うと、早期後半の条痕文系土器の年代と前期初頭から終末までの年代がほぼ同じ期間に相当するので、犬骨出土遺跡の数と頻度は前期になって全国的に増加に転じると考えてよいと思われる。

単体出土のイヌ頭骨

【天都山《てんとざん》貝塚】　前期前半の尖底押型文系土器の朱円《しゅえん》式を伴う貝層の下位からイヌの頭骨が吻部《ふんぶ》を下に後頭部を上に向けた状態で出土した。イヌ頭骨の下面は赤く焼けた地山で右眼窩《がんか》付近から石鏃一本が出土したが、周囲には頭蓋骨および下顎骨以外の骨は発見されていない。

畠山三郎太によると、後頭骨の後方突出部の欠損部を復元した推定頭蓋最大長は一八〇ミリ以上で、既述の縄文犬の平均値一五八ミリを大幅に上まわっている（畠山一九六七）。後述する宇賀崎貝塚6層埋葬犬骨（前期中葉）と並び、縄文時代のイヌとしてはサイズの大きなイヌである（図3）。

イヌの左右の頬骨《きょうこつ》に欠損があって、このほかに右眼窩奥の骨壁には古い破孔《はこう》がある。この破孔の大きさは右眼窩付近にあった石鏃《せきぞく》（図3）のサイズとよく一致するので、眼球に射込まれた石鏃による損傷孔の可能性が考えられるという（畠山一九六七）。

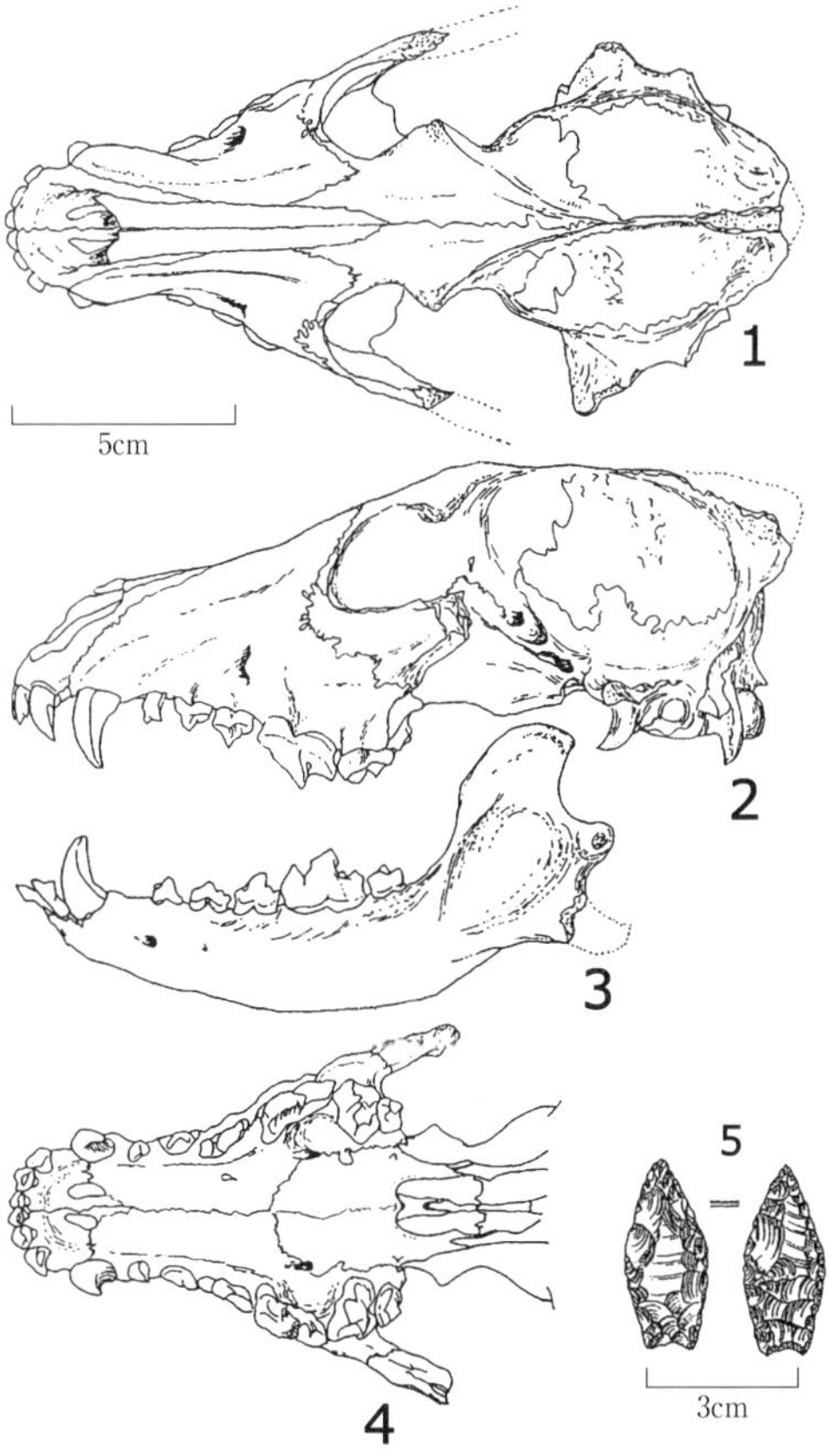

図3　網走市天都山貝塚犬骨　1：頭骨背面，2：頭骨側面，3：下顎骨側面，4：頭骨腹面，5：頭骨に伴った石鏃（畠山1967に加筆）

【東釧路《ひがしくしろ》貝塚】　天都山貝塚とほぼ同時期の貝塚と考えられる。出土骨を調査した金子浩昌によればこの貝塚のイヌ頭蓋も大型で胴部の骨を伴わないというが（金子一九八三）、出土状態や計測値などについての具体的な記述はない。

【三引《みびき》貝塚】　能登半島の七尾《ななお》湾奥にある遺跡で、前期初頭の貝層から左右の頬骨を欠く以外はほぼ完全な頭蓋骨（標本番号166）一点と、それとは別に大量のイヌの骨が散乱状態で出土したが、埋葬犬骨は発見されていない。

頭蓋骨の出土状態の詳細は不明だが、報告書の図版をみると頭蓋骨は右側面を上に向けた横位で出土し、頭蓋骨の周囲には肢骨や胴部の骨を伴っていない。茂原信生によると、この標本番号166は頭蓋最大長約一六七ミリの未成獣で矢状稜《しじょうりょう》（頭骨の中央に形成される骨稜。下顎を引き上げる側頭筋の一部が付着する）は未完成である。歯の損傷はないという（茂原二〇〇五）。

【目久美《めぐみ》遺跡】　島根半島の中海《なかのうみ》東岸にある低地遺跡で、縄文前期初頭の9層からほぼ完全なイヌ頭蓋骨と右橈骨《とうこつ》各一点が出土した。下顎骨は出土していない。井上貴央によると、歯牙は左右の前臼歯だけが残植し、ほかはすべて脱落している（井上一九八六）。頭骨には解体痕や打割痕はなく、縫合線《ほうごうせん》は融合していないので若い個体のものと考えられるという。

筆者がみた報告書の図版では、9層出土の橈骨の遠近骨端は骨化が完了前のようにみえるが、橈骨の出土状態が明らかでないので本書では頭骨だけの単独出土と考えておく。なお、目久美遺跡9層から採取した木炭試料による^{14}C年代は約四七〇〇年前である（木越一九八六）。

【佐太講武貝塚《さだこうぶ》】　日本海に注ぐ江戸時代の運河佐陀川《さだ》によって分断された遺跡で、報告書によるとヤマトシジミ主体の貝層下半～貝層下に前期初頭の轟《とどろき》B式土器、貝層中から前期前半の羽島《はしま》下層式（新）土器が出土した。犬骨は頭蓋最大長一四五・二ミリのほぼ完形な小形犬の頭蓋骨だけが報告されている。頭頂部に横位の複数の切痕がある（内山一九九四）。

頭蓋骨は貝層から出土したと考えられるが、その出土状態や頭蓋骨以外の骨についての記述がない。本書では、頭蓋だけが単独で出土したものと考えた。なお、羽島下層Ⅱ式の^{14}C年代は五四〇〇～五六〇〇年前である（工藤ほか二〇一六）。

前期の埋葬骨出土遺跡

前期遺跡の埋葬犬骨は、国内最古の上黒岩岩陰遺跡の埋葬犬骨につぐ古い埋葬犬骨と考えられる。しかし、長期にわたって人が住みつづけている遺跡では年代の異なる堆積物が累積しているので、埋葬犬骨の年代推定には注意を要する。一般的に埋葬は、埋葬する人が暮らしている生活面を掘り下げて遺体を納めるのが普通である。遺跡堆積物の中に埋葬坑を深く掘ると、それだけ年代の古い層を掘り下げることになる。発掘中に注意深く層位観察しながら掘り進めても、埋葬坑の掘り込み面や壁面に気づくのはまれで、たいていは埋葬骨を発見してから掘り込み面や壁面を後追いするケースが多い。したがって、埋葬骨の年代は実際の年代より古く認識する可能性が高く、とくに古い埋葬犬骨の年代推定には犬骨を直接測定することが望ましい。

【花積貝塚の埋葬犬骨】　一九二八年（昭和三）の大山史前学研究所の発掘で出土したものと考えられ、このときの発掘で下部貝層から出土した土器を模式標本として花積下層式（前期初頭）が設定されている。

この埋葬犬骨（斎藤一九四〇）は、第二次世界大戦の空襲で記録類とともに焼失し、現存していないので年代を確かめる手段は失われているが、前期初頭の埋葬犬骨として取り上げた。なお、関東地方における花積下層式の^{14}C年代は約六四〇〇年前である（杉原一九九二)。

【水子《みずこ》貝塚の埋葬犬骨】　一九九〇(平成二)～九二年に埼玉県富士見市が発掘した一五号住居跡の主柱穴から発見された一体分の犬骨である。

埋葬犬骨を調査した茂原信生によると、イヌの埋葬姿勢は頭を両下肢の間に入るまで背を強く丸めた姿勢だったという(茂原一九九五)。主柱穴の直径にあわせた埋葬姿勢だと思われる。骨全体の保存状態は悪いが、人為的な切痕などはなく、計測できた骨の大きさや歯牙の計測値にもとづくと周知の縄文犬の一般的なサイズに入るという。また、歯はやや咬耗《こうもう》が進んでいるが、生前に脱落した歯はなく、生後一年程度の成犬と考えられるという。

いっぽう小林謙一によると、この一五号住居跡は前期前半の黒浜《くろはま》式古段階終末もしくは中段階初頭のもので、同住居跡から採取したオニグルミ試料による^{14}C年代は約五二〇〇年前である(小林二〇〇七)。なお、この水子貝塚の埋葬犬骨は、建造物の主柱穴に葬《ほおむ》られた家畜として現在までに知られる国内最古の事例である。

【西ノ谷《にしのたに》貝塚の埋葬犬骨】　一九三五年に国内で最初に発掘された縄文時代の埋葬犬骨であるが、第二次世界大戦の空襲で消失した。この貝塚を発掘した土岐仲雄・竹下次作によると、埋葬犬骨はマガキ、ハイガイ、マテガイを主体とする純貝層の下位から検出された約八〇センチ×四〇センチ、深さ約七〇センチの長楕円形の土坑《どこう》の下層から横位姿勢で出土し、犬骨の下には厚さ約一五センチの黒色土が堆積していた。また、イヌの第二頸椎《けいつい》の上部に外傷によると思われる骨折があって、骨がずれた状態で癒着しているという（土岐・竹下一九三六）。頭蓋最大長は一五六ミリで、四肢骨の計測値も関東地方の縄文犬骨の変異内にある。貝層からは前期後半の諸磯《もろいそ》式土器が出土したが、土坑からは年代を決定できる遺物は出土していないという。犬骨の年代は前期後半と考えた。

【宇賀崎貝塚6層の埋葬犬骨】　宇賀崎貝塚の6a層から6b層にかけて掘り込まれた大きさ九〇センチ×七〇センチ、確認できる深さ一〇センチの浅い土壙《どこう》に埋葬された一体のイヌである。背を土壙壁に沿って伸ばし、左側を下にした横位で前肢後肢を自然に伸ばした状態で出土した。

発掘中に確認したイヌ埋葬用の土壙の掘り込み面は6a層上面だという。宇賀崎貝塚の貝層は間《かん》層をはさんで上下二層に分けられ、土壙の掘り込み面が確認できた6a層からは前期中葉の大木《だいぎ》3・4式土器が出土し、6b層・6c層とともに上部貝層に分層されている。6b層から採取したヤマトシジミ殻を使った^{14}C年代は約五一〇〇年前である（阿部一九八〇）。6a層は6b層より上位なので、埋葬犬骨の年代はこれより新しい可能性があり、^{14}C年代が約五二〇〇年前の水子貝塚埋葬犬骨（前期前半）との年代差はもっと大きいかもしれない。

いっぽう茂原信生らの調査によると、この宇賀崎貝塚6層の埋葬犬骨は頭蓋最大長一八二ミリの大きなイヌで、矢状稜および下顎骨の咬筋窩《こうきんか》（下顎枝の外側面にある骨性窩。咬筋の一部が終止する。五八ページ掲載の図4参照）と筋突起が発達している。頭蓋の縫合線はほぼ消失し、歯牙は上顎《じょうがく》第一・第二大臼歯、下顎左犬歯《けんし》に著しい咬耗があって、左右の上顎第二小臼歯《しょうきゅうし》、下顎の左第一・第二・第四小臼歯、右二小臼歯を生前に喪失《そうしつ》している。また、右大腿骨《だいたいこつ》に激しい骨折痕があって骨幹中央部は骨折後の癒合《ゆごう》によって著しく膨れた状態で、下半部が内側に約九〇度ねじれ、さらに約三〇度曲がっている。また、左右の腓《ひ》骨《こつ》も脛骨《けいこつ》の下四分の一から三分の一の部分で脛骨と融合《ゆうごう》しているという（茂原ほか一九八〇）。

【小竹《こたけ》貝塚】　小竹貝塚から同定された犬骨の総数は一八〇〇点以上と多く、時期は前期中・後葉から後葉までで、その多くは前期後葉に属するという（山崎ほか二〇一四）。埋葬犬は発掘中に一六体が確認され、整理作業の段階で追加したものを含めると、合計二一体に及ぶ。小級犬が多いが、破損が激しく犬骨の形態的特徴は検討できなかったという。

小竹貝塚の年代については早瀬亮介・小原圭一による詳しい分析がある（早瀬・小原二

〇一四）。それによると、前期中葉から後葉のヤマトシジミ殻試料による^{14}C年代は約五八〇〇〜五六〇〇年前であるが、較正年代では約四三〇〇〜三九〇〇年前となり、北陸地方の前期中葉—後葉の蜆《しじみ》ヶ森《がもり》I式《いち》および福浦《ふくうら》下層式土器付着物の較正年代に近くなるという。本書での小竹貝塚の埋葬犬骨の年代はこれに従っておく。

【大曲輪《おおくるわ》貝塚の埋葬犬骨】　膝を強く折り曲げて屈葬《くっそう》された成人男性の胸の位置に置かれていたイヌの頭骨は下顎骨だけで、回収できた脊椎骨《せきついこつ》や肢骨も少ない。犬骨は男性よりやや高い位置にあるので、男性より遅れて埋葬された可能性があり、またその大半が後世の撹乱などで失われた可能性があるという（金子一九八三）。

この貝塚は前期と晩期を中心とする遺跡で、貝層からは前期後半の鉾ノ木《ほこのき》式土器が主体的に出土している。本書では犬骨の所属時期を前期後半と推定したが、詳細は不明で犬骨の年代測定が必要と思われる。

【宇宿《うしゅく》小学校構内遺跡の埋葬犬骨】　奄美《あまみ》大島のイヌで、浅く掘られた土坑内から発見された一体の犬骨である。左側面を上に前肢は肩と肘を屈曲させ、後肢は膝を伸展させていたという。離島の縄文犬はほとんど報告例がない。

茂原信生・土肥直美によると、犬骨は前期後半のもので、頭蓋最大長は一五九・六ミリ、左右の側頭線は外後頭隆起の一センチほど前で合し、矢状稜は形成されていない。頭蓋の縫合線も癒合が終了していないので、さほど高齢ではないという。歯牙は左上顎第二小臼歯、左右の下顎第一・第二小臼歯が生前に脱落するが、ほかの歯は残存している。上下切歯に咬耗があるほか、全体に咬耗は少ない。四肢骨のサイズや頑丈さは宮城県田柄貝塚犬骨などの本州の縄文犬と大きな違いはないという（茂原・土肥二〇〇三）。

曖昧さが残る出土状況

以上のほかに犬骨の出土状況が曖昧《あいまい》な前期遺跡がある。南太閤山Ⅰ《みなみたいこうやまいち》遺跡は前期初頭の遺跡で、犬骨は四肢骨、脊椎骨などが出土している。報告者は埋葬犬が存在した可能性があると述べているが、確認できていないので埋葬犬出土遺跡に含めなかった。

行政の発掘では発掘現場にいた職員がそのまま報告書刊行の担当になるとはかぎらず、また電話などで鑑定依頼された骨が郵送されてくることも多いので、動物骨の出土状態が骨屋に正確に伝えられるのはむしろレアケースである。なお、この遺跡の動物遺存体が集中した層から採取したクルミ試料による^{14}C年代は約六八〇〇年前である（岸本一九八六）。

また、鳥浜貝塚では完存状態のイヌ頭蓋骨を複数枚載せた写真報告がある（鳥浜貝塚研究グループ編一九八七）。しかし、頭蓋骨およびその出土状況については記述がない。埋葬犬の頭蓋骨をだけを取り出して撮影したものか、それとも単体出土の頭蓋骨なのか判断できなかった。

大量の壊れた散乱犬骨

　神奈川県菊名《きくな》貝塚は前期初頭の花積下層式土器を主体とする貝塚である（鈴木・小宮一九七七、桑山一九八〇）。直良信夫によると、この貝塚からは下顎骨をはじめ四肢骨など何百頭分ものイヌの骨が出土しているが、貝層中の犬骨の出土状態は雑然としていて埋葬状態を確認できたものはないという（直良一九七三・一九八〇）。出土した下顎骨のほとんどは小形なうえ華奢《きやしや》で、若いイヌが多いことなどから直良は、毛皮をとるためのイヌや食用犬の可能性を示唆している。

　菊名貝塚に地理的に近い元町《もとまち》貝塚は二〇〇六年（平成一八）に発掘され、前期末葉から中期初頭にかけての動物遺存体が出土している。茂原信生によると、元町貝塚から同定した犬骨は一〇九点でいずれも散乱状態で出土した。頭蓋骨と下顎骨は破片だけで、四肢骨などの多くが細かい破片になっており撹乱などで壊れたものと思われる。下顎骨は小形だが頑丈で、縄文犬の特徴がうかがえるという。また、F3区ab3,4貝層上面から出土した左大腿骨と、貝塚残土から発見された大腿骨の近位部には人為的な傷痕が複数みとめられたが、犬骨の時代は特定できないという（茂原二〇〇八）。イヌの骨は菊名貝塚に似た状況で出土したのかもしれない。

菊名・元町両貝塚とも実態がつかみにくい状況だが、特徴的な点は一〇〇点をこえる大量の犬骨が出土していても、埋葬犬骨がまったく確認できない点である。中期以降の遺跡でも埋葬犬骨が確認できない遺跡はあるが、筆者が知るかぎりではこれほどの量の犬骨が出土していても埋葬犬骨が確認できない中期以降の遺跡はまれなので、前期に特徴的な事例と考えるべきかもしれない。

初期縄文犬の特徴

初期の縄文犬の用途を知る手がかりは少ないが、早期末から前期前半までの期間、埋葬犬と頭蓋骨だけの単独出土例が全国的に並行してみられる。ただし、現在までのところ両者が同じ遺跡から出土した例はなく、地理的には、埋葬犬の出土遺跡は太平洋沿岸を中心に分布し、頭骨の単独出土遺跡は北海道東部沿岸から本州および九州の日本海沿岸を中心に分布する傾向がある。この時期の日本海沿岸地域を中心に住む縄文人の間にイヌの頭部を切断し祀《まつ》るシャーマニズム的な文化が存在した可能性を想起させる。佐太講武貝塚出土のイヌ頭蓋骨の頭頂部には横位の人為的な切り傷がみとめられるので、切断し皮を剝いだ頭部を祀った可能性があるかもしれない。

筆者の知るかぎりでは、前期前半以降、イヌ頭骨が単独で出土した報告例はないので、この文化は前期前半までに途絶えた可能性が高い。青森県むつ市最花《さいはな》貝塚の動物遺存体を調査した金子浩昌は、中期末の貝層からイヌの顔面部だけが出土したことを報告している（金子一九六七）。それによると、この貝塚で最も特徴的な動物はツキノワグマで、頭骨が下顎とともに眼窩付近で叩き割られ、前頭顔面部だけが出土している。叩き割った部分は頭蓋腔の前端部に相当し、脳髄《のうずい》を摘出するのに最も便利な部分で、これと同じ切断法が同じ貝塚出土のイヌの頭骨にもみられると述べている。残念ながら、報告書には出土したイヌ頭骨の図や写真が掲載されていないので詳細は不明である。しかし、このような最花貝塚出土のイヌ頭骨の形状は、早期末～前期前半の単独出土のイヌ頭骨の形状とは符合しないので、最花貝塚の事例は初期縄文犬の文化的な系統とは異質と思われる。

いっぽう、中期以降は全国の縄文遺跡から埋葬犬骨が急増する。その内容をみると初期縄文犬の埋葬形態と基本的な相違はないので、これらは初期縄文犬の埋葬文化を伝承したものと考えられる。

埋葬されたイヌたち

骨に残る生活痕

本章では、筆者が調査する機会のあった縄文犬骨の中から代表的なものを取り上げ、骨に残るイヌの生活の痕跡や出土状態について述べる。これらは、後述する縄文人とイヌの生活や縄文犬の用途を考えるうえで重要な手がかりになる。

どのような特徴に注目するか

調査した犬骨の多くは遺跡から発掘された埋葬犬の骨で、年代は中期、後期のものが多い。埋葬犬骨の頭骨《とうこつ》や歯牙《しが》には縄文犬の風貌やサイズ、年齢、生前の生活に関する情報が集中するが、肢骨《しこつ》などにも生前に受けた傷の痕跡や走行に関する筋肉の情報などが残されているので、縄文犬の生態を知るには肢骨の観察も重要である。ただし、今回の調査標本の中には、埋葬犬でも頭骨だけを採集し、胴体の骨を採集していないものや埋葬犬骨の出土状態の記録類が残されていないものがある。

縄文犬の骨の特徴

戦前からの研究で明らかになっている縄文犬の特徴を示すと以下のようになる。

① 頭蓋《とうがい》最大長は一六〇ミリ前後の小形犬が主流で、現代日本犬の柴《しば》犬とほぼ同サイズである（図4）。

② 縄文犬は列島内で家畜化されたものでなく、大陸からの外来犬である。

③ 頭骨を側面からみると前頭骨《ぜんとうこつ》から鼻先にかけての傾斜がほぼ直線的で、現代小形犬のようなくぼみがない。

④ 眼窩《がんか》の最高点と最低点を結ぶ線は現代犬より後方に傾斜し、頬骨《きょうこつ》の位置が高い。

⑤ 生前に切歯《せっし》や小臼歯《しょうきゅうし》など歯牙の前部を破損した個体が多い。

⑥ 現代の小形犬では頭蓋の矢状稜《しじょうりょう》はほとんど発達しないが、縄文犬は発達している個体が多い。

⑦ 下顎骨《かがくこつ》は厚く、小形犬のわりに咬筋窩《こうきんか》が深い。

⑧ 四肢骨は頑丈で太い（以上、斎藤一九三六・一九六四、長谷部一九二九・一九四三a・

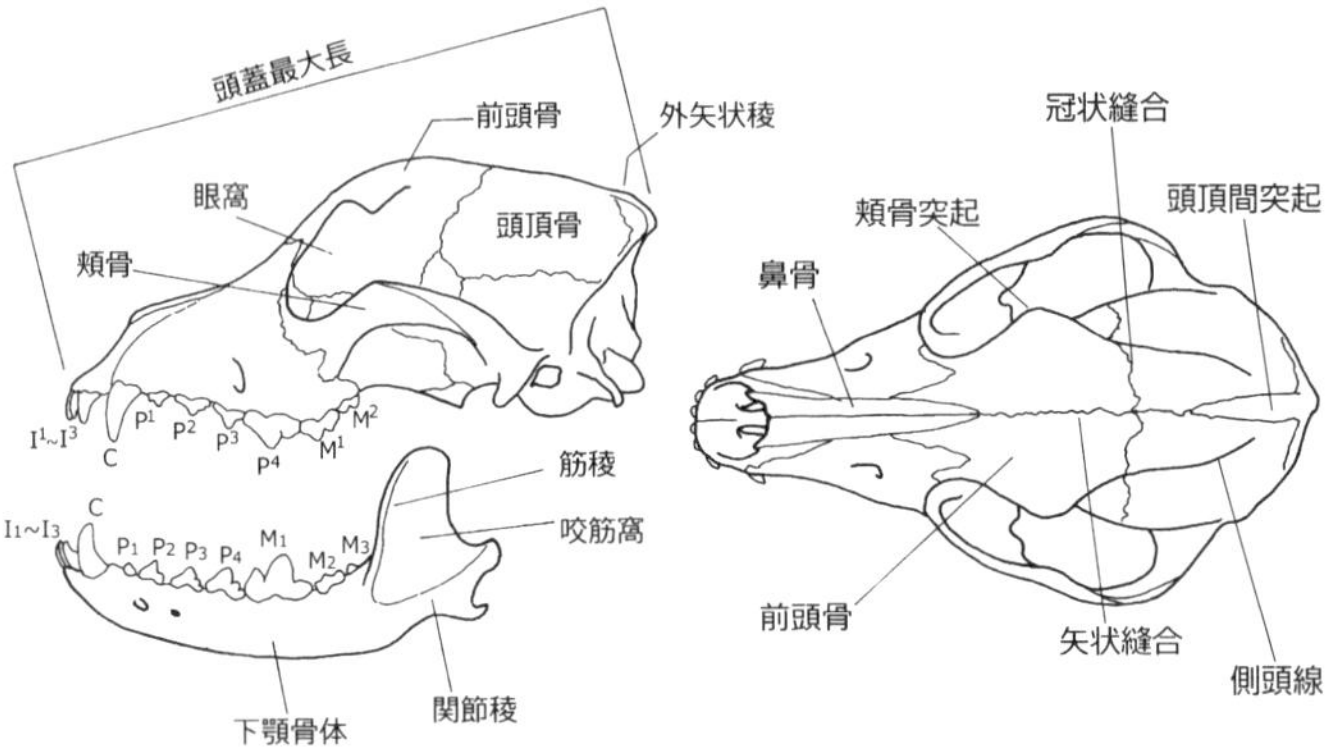

図４　小形犬頭骨と主な骨の名称　右：背面，左：側面
Ⅰ：切歯，Ｃ：犬歯，Ｐ：小臼歯，Ｍ：大臼歯．
数字の1. 2. 3は，それぞれ第１切歯，第２切歯，第１小臼歯，第２小臼歯を示す（小宮2019）

一九四三b、直良一九七三、太田一九八〇、西本一九八三、茂原・小野寺一九八四）。

骨からみる縄文犬の能力

図４の説明を補足する。

飼い犬の能力で最も期待されるものの一つは、人の指示を理解して機敏に反応することだと思われるが、狩猟採集生活を営む縄文人はイヌがもつ優れた脚力や視力、嗅覚《きゅうかく》、潜在的な噛む力などに早くから気づいていたと考えられる。

イヌの嗅神経は長い吻部《ふんぶ》に分布する。咀《そ》嚼《しゃく》に関わる大きな筋肉は側頭筋《そくとうきん》と咬筋の二つである。側頭筋は口を閉じるときに下顎骨を上にあげる筋肉の中で最大のもので、起始部は頭骨側面の大きな凹《へこ》みである側頭窩《そくとうか》の広域にわたっている。動物考古学で最もわかりやすいのは側頭筋の一部が付着する側頭線で、頭頂骨から前頭骨にかけてみることができる。図4は現代小形犬の頭骨背面で、側頭線は頭頂間突起の左右から前頭骨の頬骨突起まで伸びている。現代小形犬では側頭線の中央部は左右に膨らむのが普通である。縄文犬も小形犬だが、側頭線は現代の大形犬のように矢状縫合に沿って前方に伸び、放物線状になる個体が多い（後者の方が、側頭筋の量が多く付着する）。側頭筋の停止部は下顎骨の筋稜から筋突起の腹縁に及ぶ。

咬筋は側頭筋と同じく口を閉じるときに下顎骨を上にあげる筋肉で、下顎骨後部の腹縁から後縁を被って咬筋窩を埋める。咬筋は三層に分かれるが、主要部は頬骨弓の腹縁から起こって下顎骨の腹面外側と咬筋窩の腹縁前部に終止する（Hermanson & Evans 1993）。縄文犬の深い咬筋窩は発達した咬筋の量を反映すると考えられている。

原始的な特徴を残したイヌ——福島県三貫地貝塚（縄文時代後期）

三貫地《さんがんち》貝塚は福島県相馬郡新地町《しんちまち》にある縄文後期（約三五〇〇年前）の遺跡で、この犬骨を最初に記載した直良信夫によると、イヌは二体（一号・二号犬骨）で、埋葬犬の上には人間の頭大の石がのせられていたという（直良一九七三）。福島県では、いわき市薄磯《うすいそ》貝塚から右脛骨《けいこつ》中央部に骨折治癒痕のある埋葬犬骨（晩期：茂原ほか一九八八）が出土しているが、その上にも大形の礫《れき》が覆っていたという。

ミニュチュアのオオカミ？

一号犬の頭蓋最大長は一五八ミリ、二号犬は一六〇ミリで、二体の頭骨のプロポーションとサイズはほぼ等しい（小宮一九九五）。本書ではより保存状態のいい一号犬骨について述べる。一号犬の前頭骨から鼻先までの側面観は直線的で、眼窩の最高点と最低点を結ぶ線は後方に傾斜する。口蓋《こうがい》部は縦に長い二等辺三角形である（図5）。現代日本犬の頭骨を同じように腹面側からみると、口蓋は第三小臼歯付近が内側にへこんだ西洋ナシ型になるものが多い（五八ページ掲載の図4）。これは吻が横幅に比べて前後方向に短縮し、第三

図5　福島県三貫地貝塚1号犬頭骨　上：頭蓋骨背面，中：頭蓋骨および左下顎骨側面，下：頭蓋骨腹面（小宮2019）

小臼歯付近にひずみが集中するためと考えられている。その意味では、三貫地貝塚犬骨は原始的なイヌの特徴を残しているようにみえる。

また先に述べたように、現代の小形犬では側頭線は背面でみると間頭頂間突起の前方で側方に膨れ中央の正中《せいちゅう》に達しないのが普通で、外矢状稜は左右の頭頂骨が合わさる矢状縫合部では発達しない（図4）。しかし、一号犬の外矢状稜は後頭骨の外後頭隆起から頭頂間突起をこえて前方と上方に伸び、トサカ状の骨性隆起を形成する。頭頂間突起の左右脇から発した側頭線は正中に達したのち放物線状に左右に分かれて前頭骨の頰骨突起につづいている（図5）。外矢状稜と側頭線には側頭筋の一部が起始する。また、咬筋がおさまる下顎骨の咬筋窩も深く、下顎骨も全体に厚い。嚙む力はかなり強かったと推定される。

閉じた歯槽と開いた歯槽

一号犬の歯牙は永久歯が完成している。イヌの加齢と歯の萌出交代《ほうしゅつこうたい》様式は相関し、現代日本犬では生後三一〇日前後で永久歯が完成する（山縣ほか一九九三）。

上顎歯《じょうがくし》、下顎歯ともに歯と歯の間隔がつまった叢生《そうせい》状態であるが、歯列などに乱れなどの異常はない。上顎歯は右第一切歯の歯槽《しそう》は閉じているが、左右の第一小臼歯の歯槽は開いている。歯槽の閉じた右第一切歯は生前の脱落で、後者は死後に脱落したと考えられる。下顎歯は歯槽の開いた左第三大臼歯をのぞく全歯が残存する。

イヌの歯は上下の顎の歯とも歯肉より下の歯根が顎骨の歯槽骨内に固定されている。歯は一つ以上の歯根をもつが、歯根の数は歯の種類によって異なる。歯槽骨は結合組織を介して歯を植立させ、また歯に加わる強い機能圧に耐えうる構造になっている。しかし、歯が何らかの原因で生前に脱落すると、歯槽は機能的役割を失って吸収されることが多い（山下一九九五）。その場合、歯槽の開口部は増殖した骨組織によって被われ多孔質《たこうしつ》の平坦面を形成する。死後に歯の脱落があっても細胞が増殖して歯槽をふさぐことはないので、歯槽は開いたままになる。したがって、脱落した歯の歯槽の開閉状態をみることで歯の脱落が生前に生じたか、それとも死後に生じたかを判断できる。一号犬の場合、生前に脱落したと判定できる歯は右上顎第一切歯一本だけである。

なお、上下顎歯の咬耗《こうもう》は縄文犬としては軽度で、現代犬の二、三歳くらいの状態である。上下の歯で長い間ものを噛みつづけていると、歯の表面の固いエナメル質やその下の象牙質が少しずつすり減る。年齢や、どの程度固いものを噛みつづけたかによって咬耗の程度は異なる。しかし、縄文犬は現代犬より固い食べ物を与えられていたと推定されるので、その年齢を歯の咬耗程度で推定するときは、それを見込む必要がある（小宮一九九五）。

歯を失ったイヌ——千葉県境貝塚（縄文時代後期前半）

八本も歯を失った縄文犬

境《さかい》貝塚は千葉県香取郡多古町《たこまち》にある縄文後期前半（約三七〇〇年前）の遺跡で、九十九里浜に注ぐ栗山《くりやま》川水系が開析《かいせき》した標高約四〇メートルの台地上に位置している。このイヌの頭骨は、縄文土器の複製製作で著名な戸村正己が現地を訪れたときに貝層の中から顔を出しているのを発見し、採集したもので、当時筆者が勤務していた千葉県立中央博物館に寄贈いただいた。出土状態は明らかでないが、本来は一体分が揃った埋葬犬だったと推定される（小宮・戸村一九九七）。

永久歯列の完成した成犬《せいけん》で、頭蓋最大長は一六三ミリである（図6・7）。歯牙に生前に受けた損傷が多い点で注目される。すなわち、上顎歯二〇本のうち一一本が脱落し、そのうち左右の第一・第二小臼歯など計五本の歯槽が閉じている。下顎歯は左右すべての切歯が新しい破損面で欠損し、それらを除いた一六本のうち五本が脱落する。歯槽が閉じているのは左右の第一小臼歯と左第二小臼歯の計三本で、歯槽が閉塞した上顎と下顎歯の合計は八本に達する。また、これとは別に右上顎犬歯《けんし》の中央部を生前に破折《はせつ》している。犬歯

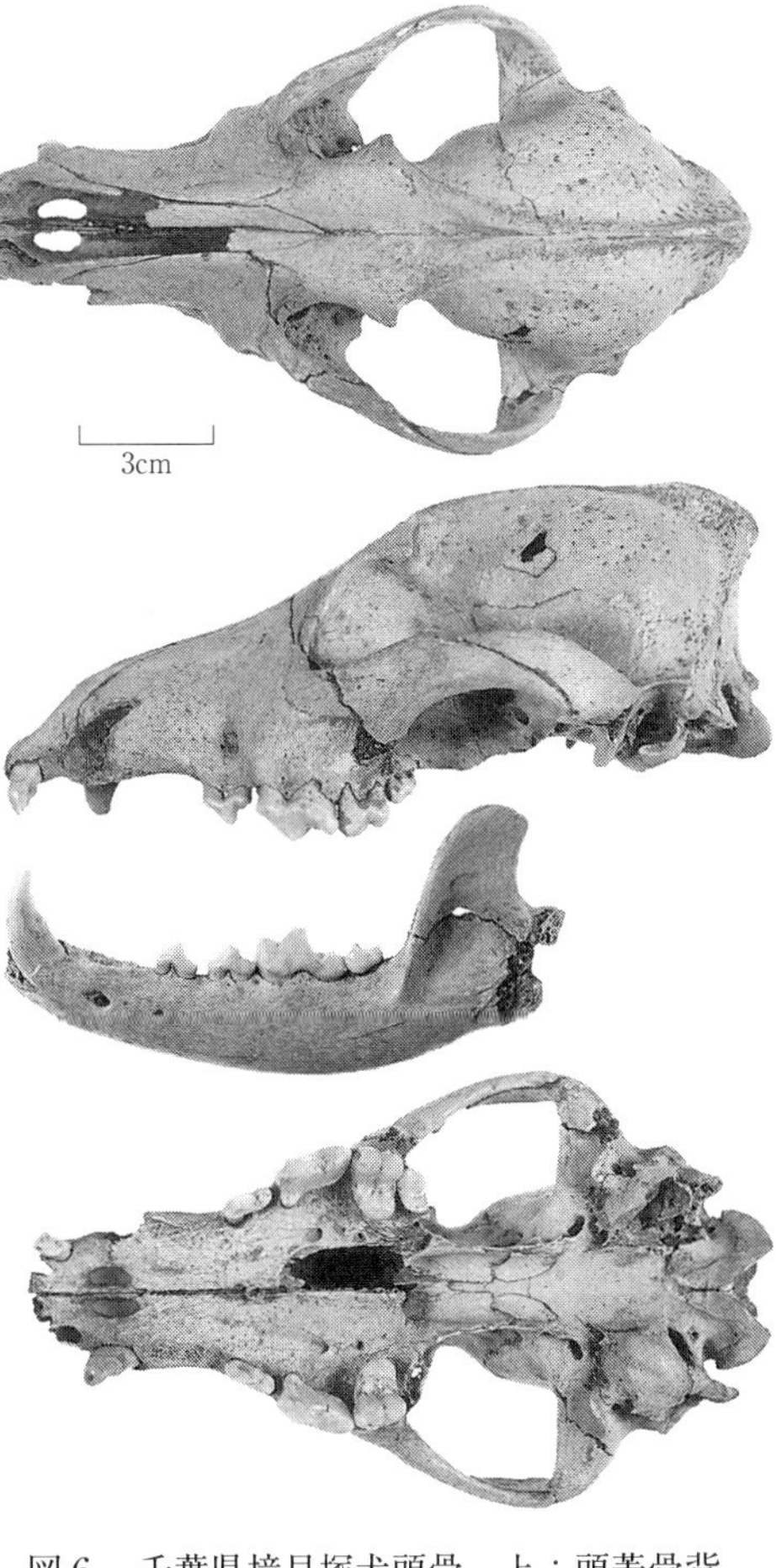

図６　千葉県境貝塚犬頭骨　上：頭蓋骨背面，中：頭蓋骨および左下顎骨側面，下：頭蓋骨腹面（小宮2019）

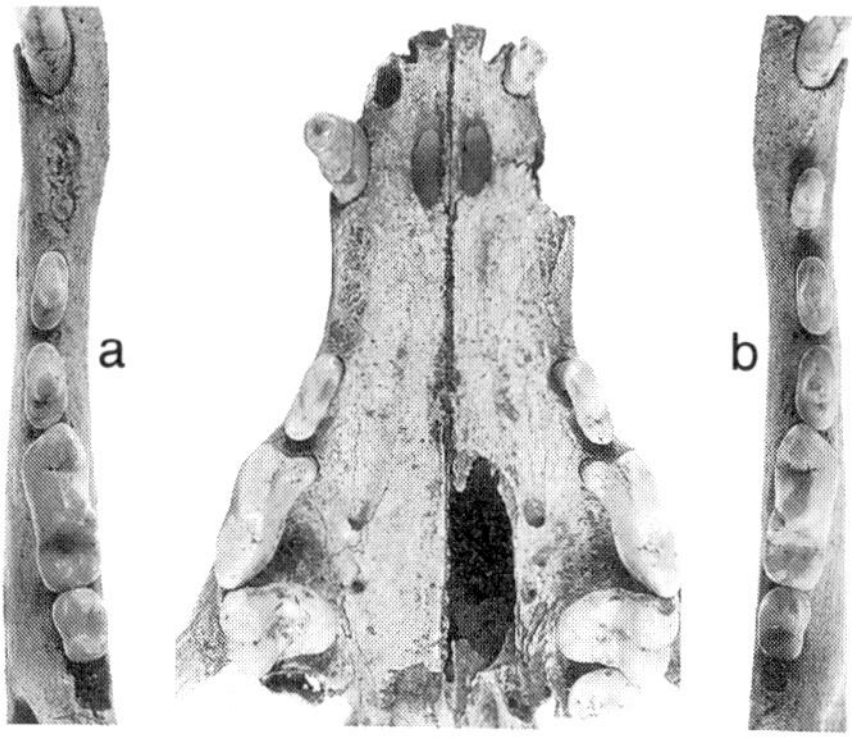

図7　千葉県境貝塚犬骨の上顎拡大図および下顎咬合面　a：左下顎骨，b：右下顎骨，中央：上顎骨（小宮・戸村1997）

の破折面の直径は四ミリほどで、破折面と破折直後はギザギザになっていた縁《ふち》が丸みをおびてみがいたように平滑になっている。中心部にみえるくすみは、露出した歯髄《しずい》と思われる（図7）。残存する臼歯は噛み合わせの咬《こう》頭《とう》（エナメル質で被われた歯の歯冠部の突出した部分）が咬耗して、象牙質が露出している。頭蓋の縫合は前頭骨と頭頂骨間の冠状縫合以外はやや不明瞭である。

　これらのことからこのイヌは比較的高齢と考えられ、長い生前の生活で歯牙の脱落や破折などしばしば重大な損傷を被り、通常の噛む機能が著しく低下していたと考えられる。それにもかかわらず歯を酷使しつづけたため、既述の犬歯破折面の磨耗などが進行したと考えられる。

　頭骨は三貫地貝塚犬骨と同様に小形だが、頭頂間突起上に外矢状稜が発達している。頭頂間突起の脇から発した側頭線は、正中に沿って前方に伸びたのち放物線状に左右に分かれて前頭骨の頬骨突起につづいている。また、左右の下顎骨の咬筋窩は深く、上部と中部に筋稜から分岐した骨性稜がある。側頭筋、咬筋ともにかなり強力だったと思われる（小宮・戸村一九九七）。

歯を失ったイヌたち

境貝塚のイヌと同様に歯牙を著しく損傷した縄文埋葬犬骨が、宮城県気仙《けせん》沼《ぬま》市田柄《たがら》貝塚（後期中葉～晩期前中葉）と宮城県東松島市響《ひびき》貝塚（中期～後期）から出土している。

田柄貝塚の発掘で確認された埋葬犬は合計二二体で、大きさ約三五～七五センチ×二五～四五センチ、深さ一〇センチ前後の埋葬用に浅く掘った土坑《どこう》内に背と手足を縮めた横位で一体ずつ埋葬されていた。イヌが出土したのは、成人骨、新生児、胎児を埋葬した甕棺や土壙墓《どこうぼ》のある墓域で、墓域からは生後一、二ヶ月と生後六ヶ月以前の幼猪《ようちょ》を埋葬した土坑二基（直径約二〇～三〇センチ、深さ約五～九センチ）も発見された（宮城県教育委員会一九八六）。これらの埋葬犬骨には高い頻度で生前の歯牙の損傷がみられ、とくに八号・一一号・一六号・一七号犬の四体は、上顎犬歯か下顎犬歯のいずれかが破損し、破損面には磨耗がみられる（茂原・小野寺一九八六）。おそらく境貝塚埋葬犬骨の歯牙と同様の破損状況と思われる。

もう一つの響貝塚犬骨は、筆者が実際に調査した東京大学総合博物館所蔵の犬骨である。発掘標本ではなく下顎骨を伴わないが、埋葬犬骨と思われる。響貝塚犬骨は切歯と大臼《だいきゅう》歯《し》の咬耗が著しく、境貝塚犬骨と同様に高齢である。上顎歯二〇本のうち左第一・第二切歯など生前に失った歯のほかに左犬歯が中央部から折れて先端部がなく、その破折面および破折面の縁がすべて磨耗して平滑になっている。反対側の右犬歯は咬耗しているが損傷はない。外矢状稜は境貝塚犬骨に比べて弱いが、側頭線は正中に達しており、噛む力は強かったと思われる（小宮未発表）。

イヌの歯の噛み合わせ

イヌは食べたものをほとんどのみ込んでしまうので、私たちの臼歯のようなしっかりした歯の噛み合わせを必要としない。ただし、下顎の第一大臼歯は上顎の第四小臼歯と噛み合いハサミの刃のように機能して、ものを剪《せん》断《だん》したり噛み砕いたりするのに適した構造になっている（Evans, 1993）。

小臼歯の大部分は上下の歯の間が開いてまったく噛み合っていない。イヌが「ものに噛みつく」「つまむ」「噛んだものを引っ張る」、あるいは「ものを咥《くわ》える」「咥えて運ぶ」ときは、切歯、犬歯や噛み合わない小臼歯の前歯部を使う。

筆者がこれまで調査する機会のあった縄文犬頭蓋骨のうち骨に大きな破損がなく、上顎歯牙の状態が観察できたのは六四体で、その約六〇%がこの前歯部にあるいずれかの歯牙を生前に喪失していた。このことは、縄文犬の多くの個体が噛んだものをただ咥えるだけでなく、噛んだまま自分の方に力一杯引き寄せる、それと同時に逆に強く噛んだものから強い力で引かれるが放さず自分の方に引き戻すなど、前歯部の歯冠から歯根まで強い負荷のかかる行為を生前にたびたび繰り返していたことを示唆すると思われる。

現代の小形犬に似たイヌ——青森県二ツ森貝塚（縄文時代中期後半）

現代犬的な縄文犬

青森県天間林《てんまばやし》村教育委員会が、一九九三年（平成五）に同県上北郡七戸《しちのへ》町にある二ツ森《ふたつもり》貝塚で発掘した埋葬犬骨で、半裁した第二号フラスコ状土坑の床上から出土した。土坑からは縄文中期後半の榎林《えのきばやし》式土器が出土した（天間林村教育委員会編一九九四）。集成資料によると榎林式の^{14}C年代は約四三〇〇年前で、埋葬犬の年代もこれとほぼ同時期と推定される（木村一九九八）。

頭蓋骨は吻部、眼窩後方の頭蓋窩などに大きな破損があるが、いずれも破損面は新しく、破損は発掘後に生じたものと思われる。前頭骨から頭頂骨にかけては丸みをおび、外矢状稜は弱い。側頭線は頭頂間突起の両脇から発したあと、正中に達しないまま左右に弱く膨らみながら分かれ、前頭骨の頬骨突起に達する。腹面からみた口蓋の形は西洋ナシ型である。以上のような頭蓋骨の特徴は、先に述べた三貫地貝塚犬骨や境貝塚犬骨とは大きく異なり、むしろ現代小形犬に似る（図8）。

図8の頭蓋側面から前方に細く突出しているのは、破損をまぬがれ残った左鼻骨《びこつ》で、鼻

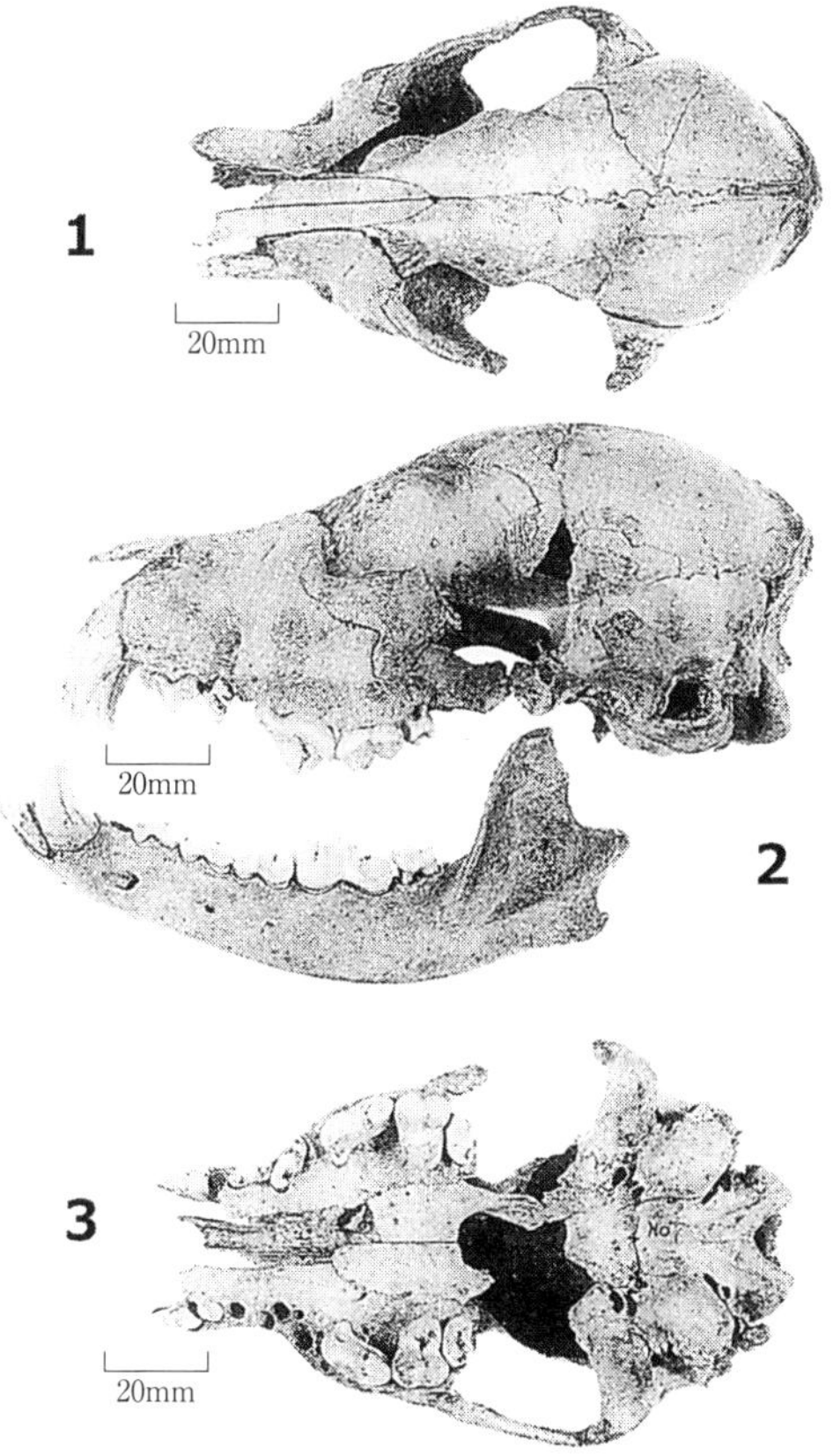

図8　青森県二ッ森貝塚犬頭骨（小宮2019）

骨に沿って切歯骨を上顎骨の前方に補うと、このイヌの本来の頭蓋を復元できる。そのようにして図上復元した頭蓋最大長は、一四〇〜一四五ミリ前後と推定される。側頭筋の発達程度は現代小形犬並みだが、下顎骨は厚く咬筋窩も深い。

歯の特徴

このイヌのもう一つの現代犬的な特徴は、顎の短縮に伴う上顎歯の萌出異常である。顎の短縮は上顎歯、下顎歯ともに叢生状態であることからも示唆されるが、事実、左右の上顎第一小臼歯と左右の上顎第三小臼歯（以下では上顎第三小臼歯をP^3と略称）が捻転《ねんてん》を起こしている。すなわち、左右のP^3の近心端《きんしんたん》（歯の歯冠にある遠近両端のうち吻側に近い端）が舌側に約三五度回転し、さらにP^3が舌側へ転倒を防ぐために生じたと思われる舌側根《ぜっそくこん》がみとめられる。

図9の上顎右側（上顎を下から見上げた図9では左右が入れ替わっているので注意。この図では左側になる）の歯が抜け落ちた歯槽をみると、右のP^3も左側と同じように回転し、近心根（歯種によって歯根の数は決まっている。二本以上の歯根をもつ歯種では正中線に近い側の歯根を近心根という）が舌側に寄り、新しく発生した舌側根のため本来二根のP^3の歯根が三根になっているのがわかる。図9に舌側根を矢印で示した。イヌの顎の長さは人為的に変えられるが、歯のサイズはそれに相応して変化しない。顎の短い小形犬は成長に伴っ

て顎が十分に伸びないので、歯の生える場所の不足から萌出異常を起こしやすい。P^3は解剖学的に最も回転しやすい歯と考えられている（Evans, 1993）。

残存する歯牙にはほとんど咬耗がない。上顎歯は切歯骨が欠損しているため切歯を観察できないが、これらを除いた一四本のうち三本が脱落し、下顎歯は一本が脱落する。しかし、これらの脱落歯の歯槽はいずれも開放しており、閉鎖したものはない。左右の下顎第三大臼歯と右第一小臼歯は萌出していない。

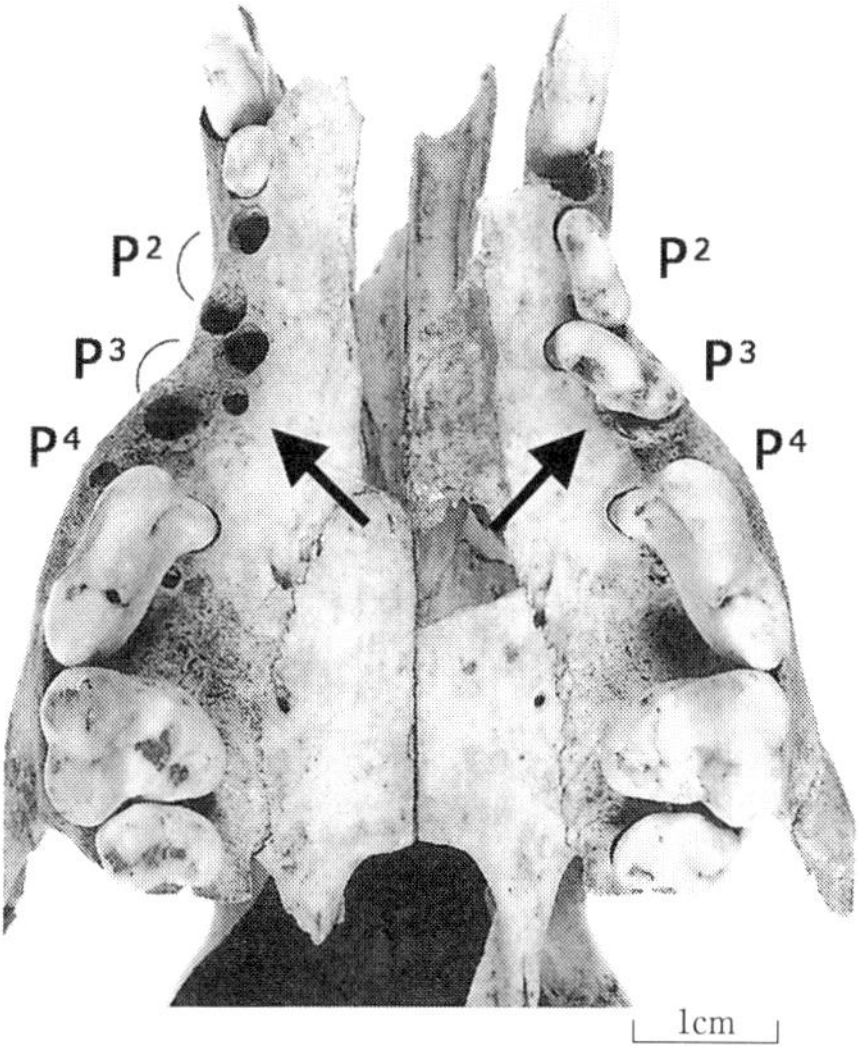

図９　青森県二ッ森貝塚犬骨上顎舌側（小宮2019）

現代日本犬の歯の萌出状況をX線で観察したところでは、最後に萌出する永久歯は上顎犬歯で、その完成は生後三〇〇～三一〇日前後である（山縣ほか一九九三）。したがって、縄文犬も萌出順が現代日本犬と大きく変わらないとすれば、萌出していないこれらの歯は先天的な欠歯で、このイヌが生前に失った歯はないと考えられる。

なお、このイヌの肢骨の近位および遠位の骨端線は乖離《かいり》（成長の途中で骨端まで骨化していない状態）しており、坐骨《ざこつ》の閉鎖孔も完成していない。縄文犬とのサイズ差が小さいビーグル犬の前肢骨のX線調査によると、骨端線の閉鎖は肩甲骨《けんこうこつ》の頭側遠位端が生後六ヶ月で最も早く、主な長骨では大部分が生後一〇〜一二ヶ月に閉鎖する（Yonamine *et al.* 1980）。縄文犬の前肢骨の成長が同じように進行するとすれば、肉眼視ではこの二ツ森貝塚犬の肩甲骨の頭側遠位端の閉鎖は未完成なので、生後六ヶ月齢未満と推定される。

推定年齢と性別

歯牙の成長状態からの推定年齢とあわせると、このイヌの推定年齢は生後六〜一〇ヶ月前後と思われる。発掘では微小な指骨《しこつ》まで回収しているが、陰茎骨《いんけいこつ》が含まれていないので性別はメスと推定した（小宮二〇〇二）。

遺体を埋葬しにくいフラスコ状土坑

ところで、このイヌが出土したフラスコ状土坑は、平面的には直径二メートルあまりの円形の土坑で、地上からは直径約四、五〇センチの狭いくびれ部をへて地下に広い内部空間と平坦な床を備えている。内部空間は外気や太陽光が遮断されるので、一年を通じて温湿度が一定に保たれると思われる。成形された壁や床は物の出し入れを十分考慮した設計で、貯蔵穴としてつくられたと推定するのが妥当だろう。

犬骨の出土状況（図10）をみると、イヌの頭蓋は下顎骨の上位にあって、頭骨からつづく脊椎骨《せきついこつ》は連続的に湾曲して仰向けになった骨盤につづいている。頭骨、頚椎《けいつい》、胸椎《きょうつい》は上下肢より上位にある。下肢は左右に開いて上肢と同じ方向に伸展し、肢骨の末端に中手《しゅ》骨《こつ》と中足骨《そっこつ》が確認できる。このような骨の出土状態からわかるイヌの埋葬姿勢は尻を床に着け頭を上にした状態で、その後の遺体の腐敗とともに上体が前方に崩れたと推定される。

そうだとすると、イヌの遺体をどのようにして狭いくびれ部を通して土坑の床に置いたのだろうか？　外光の入らない土坑内での土木作業は困難な作業だが、袋状のものに詰めた遺体を上から吊り下ろし、あとから土を中に落としたと解釈するのが一般的かと思われる。しかし、このイヌの埋葬はそう簡単ではない。イヌの上体が起きているので、「くびれ部」と遺体の平面位置が一致していれば上から吊り下ろした紐を外さずに土を落とせば遺体はしばらくの間、上体を起こした姿勢が保てたと思われる。しかし、「くびれ部」と遺体の平面位置が一致していなければこの作業は不可能で、下に控えた人がイヌの遺体を受け取り、上体を起こした姿勢にして置いたはずである。遺体は箱のようなものに納めら

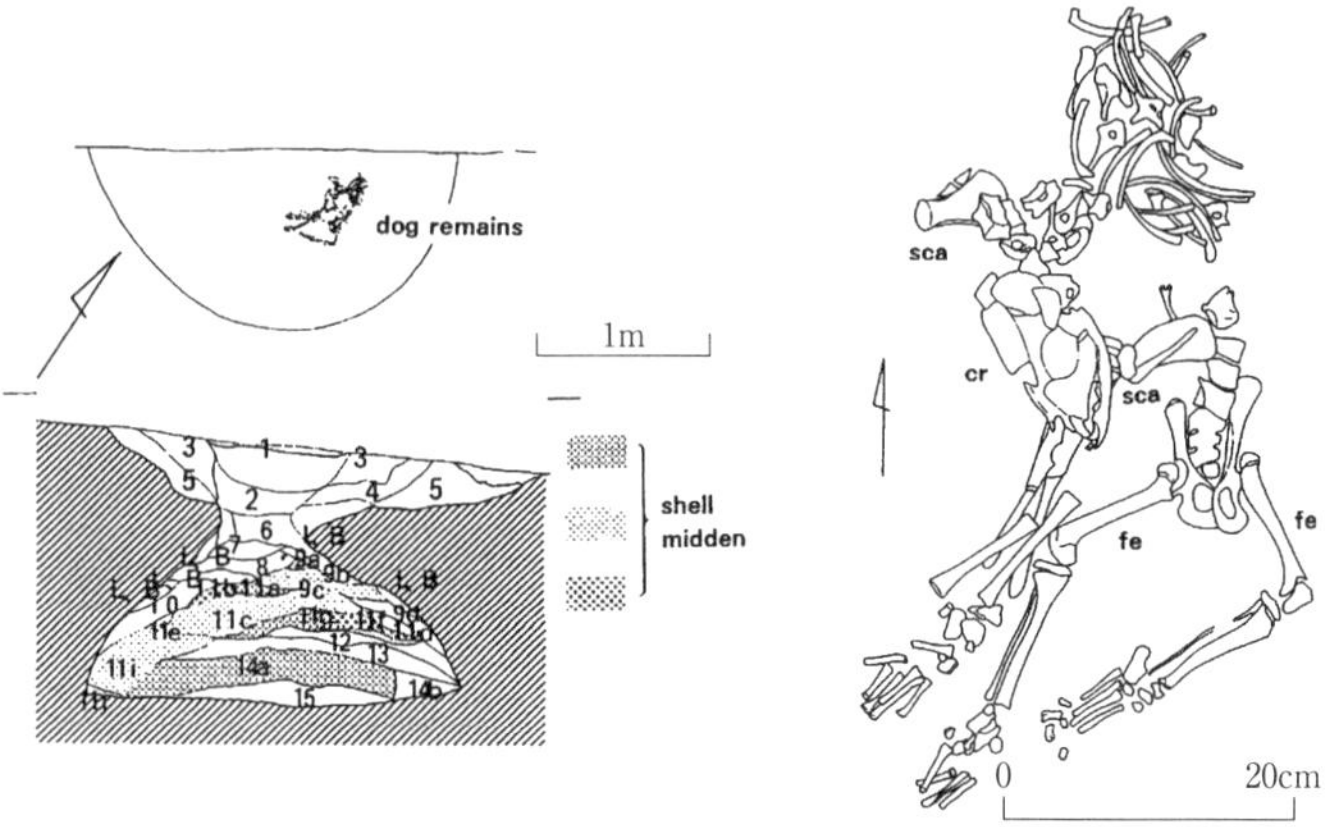

図10　青森県二ツ森犬骨の出土状況　左：半裁したフラスコ状土坑の平面と埋葬犬の出土位置，半裁面での土層断面，右：フラスコ状土坑床面出土の埋葬犬骨の出土状態，cr：頭蓋骨，fe：大腿骨，sca：肩甲骨（小宮2019）

れていて時間の経過とともに上体が崩れ落ちたのかもしれない。残念ながら、図10からはイヌの出土位置と土坑の「くびれ部」の位置が平面的に一致しているのかどうかがわからない。土層断面をみると、11層やその上位にある層が砂時計の砂のように中央部が山形に盛り上がり、周囲に裾を引いて堆積しているので、開口部から土が落とされた可能性が高いかもしれない。しかし、最下層の12〜15層は10・11層と不整合になっており、このイヌの埋葬には少なくとも二回の工程をへた可能性がうかがえる。

　いずれにしても、若くて生活実績が少ないと推定されるこのイヌを、どちらかといえば埋葬しにくいフラスコ状土坑にわざわざ単独埋葬した理由は何なのだろうか？イヌが土坑の覆土中から出土したのであれば、たまたま死んだイヌを埋めるのを面倒がって土坑に投げ捨てたという理解もできるが、床面上に遺体があるので、そういうことはなさそうである。ただし、このフラスコ状土坑は全掘されていないので、今後、未掘部に遺物が残っていないか、また堆積物中の微小遺物の精査が必要かと思われる。

人とイヌとイノシシが埋葬――千葉県白井大宮台貝塚（縄文時代中期後半）

千葉県教育委員会が一九九一年（平成三）に千葉県香取市小見川《おみがわ》の白井大宮台《しらいおおみやだい》貝塚でおこなった確認調査で、一つの土坑から人とイヌと幼猪の埋葬骨が出土した（千葉県文化財センター編一九九二）。

土坑の床面に埋葬された人とイヌ

この土坑は「小竪穴《しょうたてあな》」と呼ばれるタイプの土坑SK-01で、平面が直径約二・三メートルの円形、深さが確認面から約〇・八メートルの垂直な壁をもつ大規模な土坑である。床の中央には直径約三〇センチ、深さ約七〇センチの垂直に掘られた柱穴状のピットが一つあって、床面は二ツ森貝塚のフラスコ状土坑と同様に竪穴住居跡の床のように平坦に固められている（図11）。

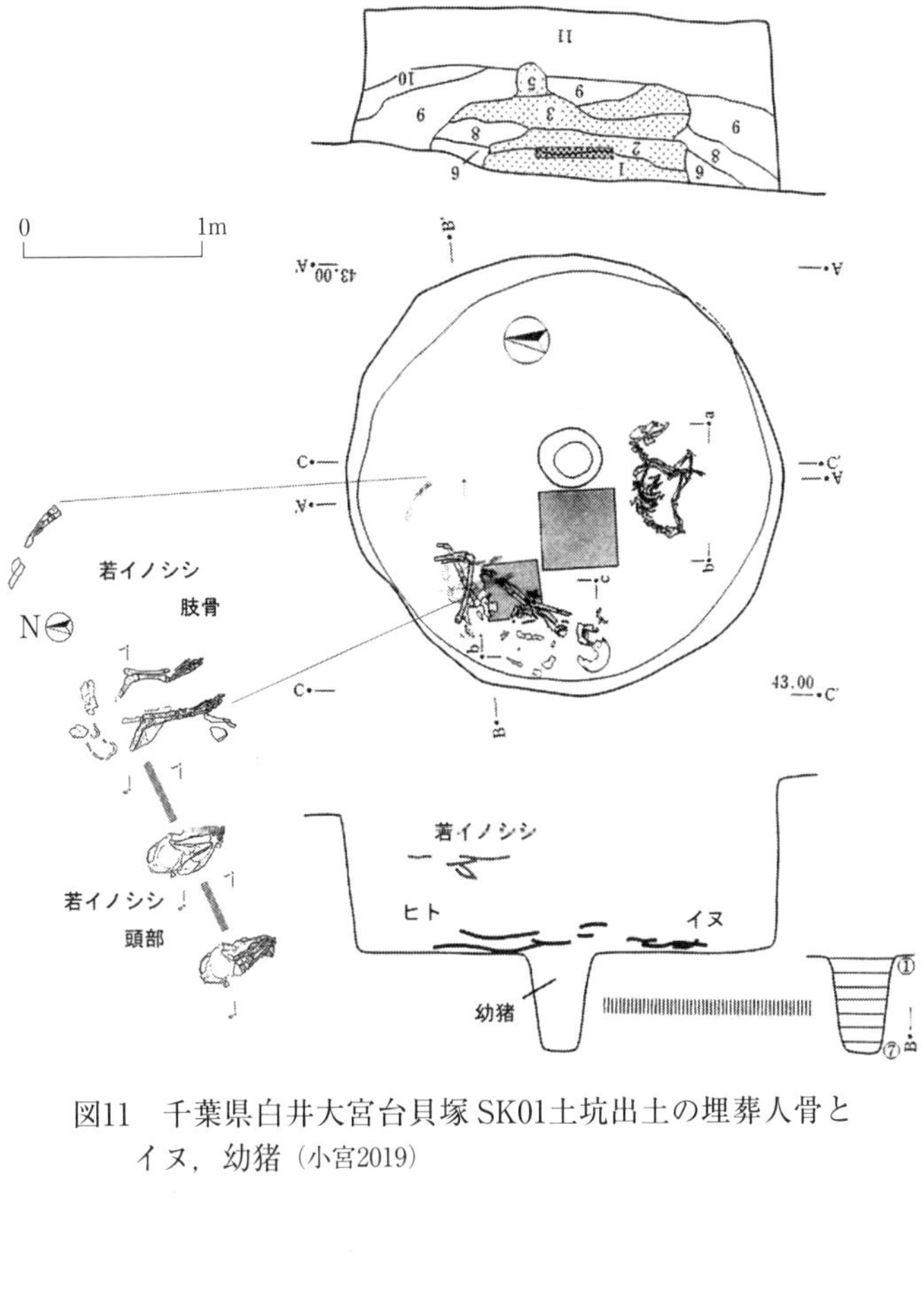

図11　千葉県白井大宮台貝塚SK01土坑出土の埋葬人骨とイヌ，幼猪（小宮2019）

「小竪穴」は東日本を中心に早期から後期前半までつくられるが、フラスコ状土坑とともにその用途については諸説がある（堀越一九七七a・b）。内部が十分広いこと、床や壁が物の出し入れや管理に適したつくりであることなどから、筆者は中央のピットに柱を一本立て、それを中心に円形に屋根を葺《ふ》いた半地下式の貯蔵穴の可能性を考えている。土坑の年代は出土した土器片から加曽利《かそり》EⅡ式期（中期後半）と考えられており、土坑の覆土上層から採取したハマグリによる較正《こうせい》年代は約四五〇〇年前である（中村・安井一九九九）。

埋葬人骨は、土坑の西壁寄りの床面から発見された。両膝を軽く曲げて、右に倒した仰向け姿勢である。骨の保存状態は悪いが、年齢は二〇～三〇歳で当時の縄文人としては華奢《きゃしゃ》な男性と推定された（加藤一九九二）。地面に掘った土坑が廃棄されると、周囲から流れ込む土やゴミなどによって土坑の隅の方から埋まっていくと考えられる。男性の遺体は床面の隅から発見されたので、土坑の廃棄と男性の埋葬との時間差は大きくないと思われる。イヌの埋葬骨は、男性と同じく床面から発見され、埋葬姿勢は右側を上にした横位である。イヌの手足は一ヶ所にまとめられ、そのため背は弧状に丸まっている。手首と足首はまとめて縛られていたかもしれない。

骨と歯からみた特徴

出土直後のイヌの骨の保存状態は非常によかったが、残念ながら発掘現場からの回収中の事故によって大きく破損した。復元した頭蓋最大長は約一六三ミリで、頭蓋骨全体は縄文犬としての一般的な特徴をもつが、先に述べた境貝塚の埋葬犬骨に比べると眼窩は大きめで現代日本犬的である。頭蓋の前頭上顎縫合は明瞭だが、前頭骨と頭頂骨背面部の縫合線は破損事故の影響で大きく壊れている。側頭線は頭頂間突起の両脇から前方に伸び、正中に達したのち放物線状に左右に分かれて前頭骨の頬骨突起に終わっている。陰茎骨は確認できていないが、回収中の事故で失われた可能性を考えるべきなので、性別は不明とした。

上下顎歯は永久歯列が完成している。上顎歯は左吻部および左第一～第三切歯と左犬歯、第一小臼歯が行方不明である。第二小臼歯～第二大臼歯は残植する。右側上顎歯は第一切歯と第一小臼歯の二本が脱落する。第一切歯の歯槽は開いているが、第一小臼歯の歯槽は多孔質の痕跡を残して閉鎖するので生前の失歯と思われる。上顎の短縮が進行しており、左右の第三小臼歯に舌側根もしくは結節がある。上顎の残植歯では、切歯と第四小臼歯から第二大臼歯まで咬耗が進行し、第一・第二大臼歯は舌側の咬頭が消滅している。下顎骨は全体に厚い。咬筋窩は深く、副筋稜が発達する。事故で右側下顎骨の破損がとくに大きく、右犬歯から先の吻部と第一大臼歯およびその周辺部の下顎体が行方不明である。第三大臼歯は歯槽が開放した状態で脱落している。左下顎歯は第一切歯と第三大臼歯が、歯槽が開いた状態で脱落している。残りの歯は残植している。下顎歯も咬耗が進み、残植する左第一大臼歯の各咬頭は象牙質が大きく露出している。以上のように、このイヌは上下顎歯の咬耗が激しいが、生前の歯の損傷は上顎右第一小臼歯以外にみとめられない。

四肢骨の骨端線は閉鎖している。上腕骨《じょうわんこつ》は、滑車三角筋《かつしゃさんかくきん》が終止する三角筋粗面が現代小形日本犬に比べて著しく広く、三角筋線が強く側方に張り出している。三角筋は、肩関節の屈曲と上腕骨の挙上に関与する。イヌ科動物の走行は、自動車にたとえると前輪駆動システムなので、上腕骨にみられるこのような特徴は、このイヌの走力や旋回力などの運動性能が現代日本犬に比べて著しく強かったことを物語る。

埋葬されたイノシシ

この土坑からは男性とイヌの埋葬骨のほかに幼猪の埋葬骨二体と幼猪の下顎骨一点が出土している。すなわち、床中央のピット内から生後一一～一二週と推定される幼猪の埋葬骨が一体、土坑上層から生後一二～一五ヶ月と推定される若イノシシの埋葬骨が一体、そして、もう一つは筆者が千葉県教育庁文化財課の収蔵庫内を調査した二〇二〇年（令和二）に再発見した幼猪の左下顎骨一点（標本番号SK–01–75+76）である。

土坑の床中央にあるピットが柱穴だとすれば、幼猪は土坑が廃棄されて柱が抜き取られたあとに埋葬されたと考えられるが、床面の男性とイヌの埋葬と同時だったかどうかはわからない。

筆者は一度、この幼猪を男性に伴う殉葬《じゅんそう》と解釈したことがある（小宮二〇一九）。しかし、後述する有吉南《ありよしみなみ》貝塚の竪穴住居跡の柱穴に幼猪を埋葬した例をみると、中期後半の房総には廃棄した建造物の主柱穴に家畜を埋葬するならわしがあった可能性が考えられる。そうだとすると、この幼猪の埋葬は土坑SK–01の廃棄に伴う可能性があるので、男性とイヌの埋葬とは別ものと考えた方がいいかもしれない。

いずれにしても、この幼猪の下顎は前後方向に短縮しており、萌出する余地をなくした未萌出の左右の第二乳臼歯《にゅうきゅうし》（以下ではdp₂と略称）の近心端が舌側に約五五度回転している（小宮未発表）。図12はその幼猪の右下顎の咬合面《こうごう》で、回転したdp₂を矢印で示した。幼猪のdp₂の回転は、既述の二ツ森貝塚犬骨の上顎第三小臼歯と同じようなしくみで起こったと考えられる。

筆者が知るかぎりでは、縄文遺跡出土イノシシの下顎歯の回転例は、本例以外では千葉県市原市福増《ふくます》の武士《たけし》遺跡（後期前半）出土の推定一・五歳前後の第二小臼歯（標本番号H3-81-147：小宮一九九八b）のほか、千葉県大網白里市《おおあみしらさと》居合台《いあいだい》遺跡（晩期）の生後三〇〜五一週前後と推定される幼猪のdp_2にみられた（小宮一九九五c、図13）。武士と居合台両遺跡

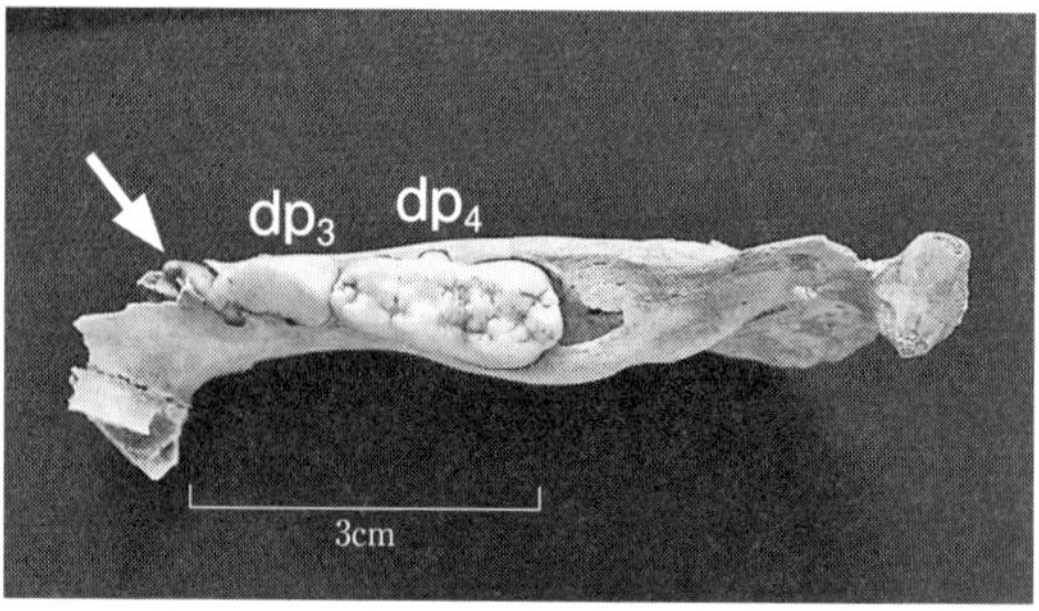

図12　千葉県白井大宮台貝塚SK01土坑中央ピット出土の幼猪右下顎骨咬合面（矢印は回転した未萌出のdp_2）

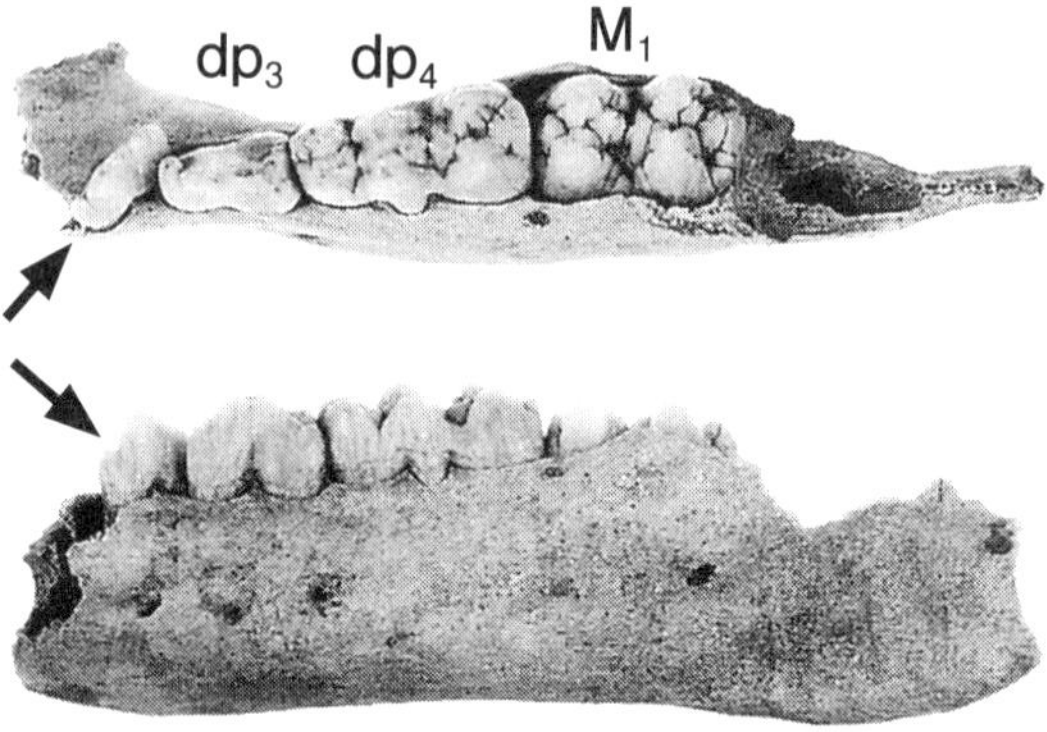

図13　千葉県居合台遺跡出土の幼猪左下顎骨
上：咬合面，矢印は回転したdp_2，下：側面

出土のイノシシは、いずれも近心端が頬側にそれぞれ約三五度と五〇度回転している。いずれも下顎の短縮に伴う回転と考えられるが、このようなイノシシを出土した遺跡では何世代にもわたってイノシシが飼育されていた可能性が考えられる。

若イノシシの埋葬時期

土坑上層から出土した生後一二～一五ヶ月と推定される幼猪を、図11では「若イノシシ」と表現した。埋葬地点の平面位置が床上の男性と重複するので、出土状況は平面図よりも断面図の方がわかりやすい。

「若イノシシ」は床面から六〇センチほど上層の西壁の隅に左側を上にした横位で埋葬され、壁に沿って背を横たえ四肢を自然に伸ばしている。埋葬地点が壁ぎわで、床上の男性と平面位置が重複しているのは偶然だろうか？　この土坑の西壁隅は土坑内に捨てられた貝層の縁にあたるので、貝層から外れた西壁ぎわの骨は遺存が悪く、「若イノシシ」の脊柱《せきちゅう》や肋骨《ろっこつ》などは溶けて残存していない。また、頭は強く内側に曲げられて下顎が頭蓋より上位にあるので、頭は切断されていたかも知れない。また、土層断面をみると、最下層の11層はローム粒と粘土ブロックを含むほぼ均質な土層で床全体にほぼ同じ厚さで堆積していて、貝層を含む10層以上の各層の状況とは異質である。

このような土層断面をみると、土坑は床から一気に埋められたのではなく、途中に中断期間があった可能性が考えられる。そうだとすると、ピット内の幼猪と上層の若イノシシの埋葬時期にずれがあるのだろうか？　出産期が五月をピークとする現代のニホンイノシシと縄文イノシシの生態に大きな違いがなければ、歯牙の萌出状態から死亡もしくは屠殺《とさつ》季節の推定が可能である。ピット内の幼猪（図12）は第一大臼歯が萌出以前で第四乳臼歯の遠心部が萌出を完了していないので、林ほか（一九七七）のデータから推定した死亡年齢は生後一一～一二週前後（死亡季節は七～八月）である。

また、「若イノシシ」の下顎骨は、筆者の手元に届いたときには左右とも第二大臼歯の歯槽近心部より後方を新しい破損面で欠損したうえ、乳切歯および切歯骨が不正確な状態で固着されており、厳密な年齢査定がむずかしい状態だった。左第二乳臼歯、左右の第三・第四乳臼歯、第一大臼歯が残植しており、第二乳臼歯は左右とも回転していない。第二大臼歯は歯槽とともに失われ、わずかに歯槽底近心部が残存していたが、それをみるかぎりでは、第二大臼歯の歯根は形成以前で、第二大臼歯は未萌出と推定される。それらを手がかりにしてMatschke（1967）から推定した死亡年齢は、生後二〇～三〇週未満（推定死亡季節は九～一〇月前後）である。両者の推定死亡もしくは屠殺季節は接近するので、埋葬が同年の出来事であれば両者の埋葬には出土層の違いから受けるような大きな時間差はなく約一ヶ月、違う年の出来事なら両者の埋葬には約一年、二年、三年……の時間差があったと考えられる。

もう一つの幼猪の左下顎骨一点（標本番号SK–01–75+76）は、第四乳臼歯が残っていて第一大臼歯の近位端が萌出中である。Matschke（1967）と林ほか（一九七七）の記載を参考にすると、生後一九〜二〇週前後（推定死亡季節は九月前後）と推定される。死亡季節でみると、土坑底のピット内の幼猪と上層の若イノシシの推定死亡季節の誤差範囲におさまるかもしれない。この標本は発掘中に見落とした幼猪埋葬骨の一部である可能性があるが、第三乳臼歯より先端を欠損するので下顎の短縮があるかどうかはわからない。

幼猪の骨は小さく壊れやすいので、貝層などを普通に発掘していては、埋葬骨でも発見するのはほとんど困難である。もし、この標本が発掘中に見落とした埋葬骨の一部だとすれば、この土坑では幼猪の埋葬が繰り返しおこなわれた可能性がある。

まれな貯蔵穴土坑への埋葬

いずれにしても、この土坑は本来の役割を終えたのち、成人男性の墓壙《ぼこう》に転用されたと理解されるが、埋葬が土坑の廃棄後、あまり時間をおかずにおこなわれたと考えられることが重要である。というのは、廃棄後の時間があまり経過していないとすれば、遺体を埋葬した人たちはこの土坑が何に使われた施設だったかを鮮明に記憶して埋葬したと考えられるからである。「小竪穴」やフラスコ状土坑に葬《ほおむ》られた人や動物の遺体は貝塚でないと残らない。貯蔵庫と考えられるこれらの土坑は骨の遺存に適した貝塚の貝層の下からも多く検出されるが、埋葬骨が土坑の底から出土した例は現在でも多分、白井大宮台貝塚と二ツ森貝塚の二例以外に知られていないと思われる（小宮二〇〇二）。

白井大宮台貝塚の場合、「小竪穴」の廃棄とそこに埋葬されるのにふさわしい人物の死が重なることが貯蔵庫を墓壙への転用をうながす契機になったとすれば、この土坑に最初に埋葬されたのがイヌというのは説得力に弱い。すでに述べたように、イヌは想定される年齢のわりに歯牙の損傷が少なく、歯牙にかかるストレスを巧みにかわして生きつづけた生活経験の豊富なイヌである。男性とイヌの埋葬にあまり時間差がないとすれば、イヌは男性に伴う殉葬の可能性を考えるのが自然かと思われる。

「小竪穴」土坑やフラスコ状土坑の用途がまだ解明されていないことはすでに述べたが、もし、縄文時代の貯蔵穴だったとすれば、これらの土坑には何が貯えられていたのだろうか？　文献記録のない時代に考古学はこのような課題に答えられない。しかし、少しでも解明に近づく方法の一つに発掘技術の改良がある。いままでの発掘技術で検出できなかった考古資料を検出することである。具体的な試みが進んでいないのは残念だが、当時の植物利用に関して多様な研究分野が加わった興味深い研究が進んでいる（工藤・国立歴史民俗博物館編二〇一四）。

縄文人が貯蔵の対象とした生産物の候補は今後、このような研究を通じて具体性を増すかもしれない。

住居の炉の下に埋葬——千葉県栗ヶ沢貝塚（縄文時代後期前半）

栗ヶ沢《くりがさわ》貝塚の犬骨は、一九六四年（昭和三九）に松戸市教育委員会と東京教育大学（筑波大学の前身）が千葉県松戸市栗ヶ沢貝塚で実施した共同発掘の際に出土した埋葬犬骨である。

住居の炉の下に埋葬されたイヌ

出土状況はやや複雑である。犬骨が発見されたのは、貝塚貝層の下位から検出した第一号竪穴住居跡（後期前半：^{14}C年代で約三八〇〇年前）の炉址《ろし》の下にある深さ約三〇センチの「土壙6」の底部である（図14）。このような縄文犬の埋葬例は過去に知られていないないが（藤井・前田一九六六）、残念ながら報告書に出土状況図は示されていない。

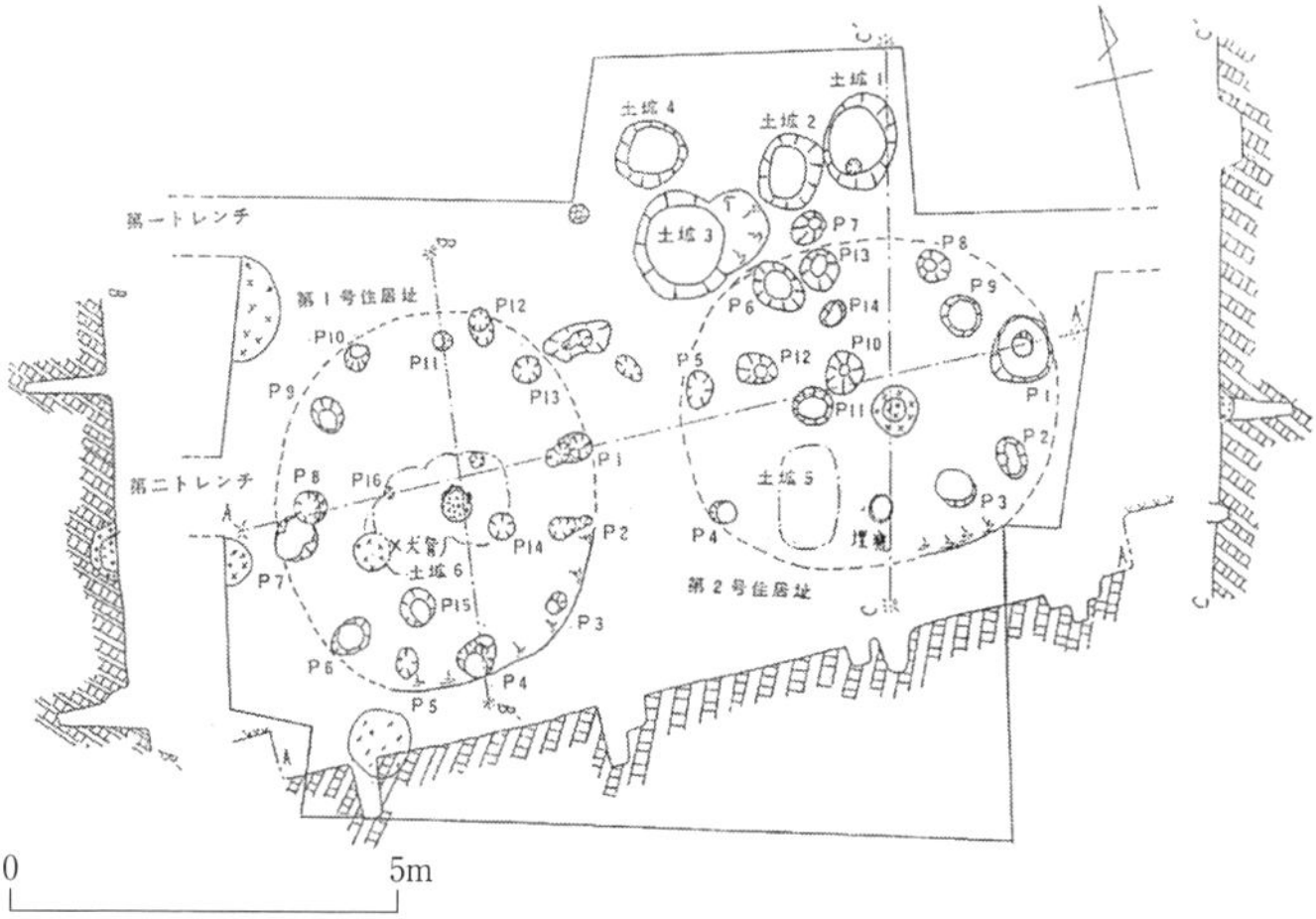

図14　千葉県栗ヶ沢遺跡住居跡平面図（藤井・前田1966に加筆）

骨と歯からみた特徴

犬骨はほぼ全身の骨が揃っている。重複部位はないので一頭分の埋葬骨と考えられる。頭蓋は左側頭窩、左頬骨、左上顎前頭縫合に大きな欠損がある。左頬骨の欠損は前部が上顎頬骨縫合から剝離したものだが、後部の欠損面は新しい。欠損の多くは発掘後に生じたと考えられる。切歯骨前面の新しい欠損部を図上復元した頭蓋最大長は一六二ミリである。頭頂間突起の脇から発する側頭線は正中線に沿って前方に伸びたのち、左右に分かれ、ゆるい放物線を描きながら前頭骨の頬骨突起につづいている。外矢状稜は右傾して後方に突出する。

縄文時代の住居の炉下からの出土である

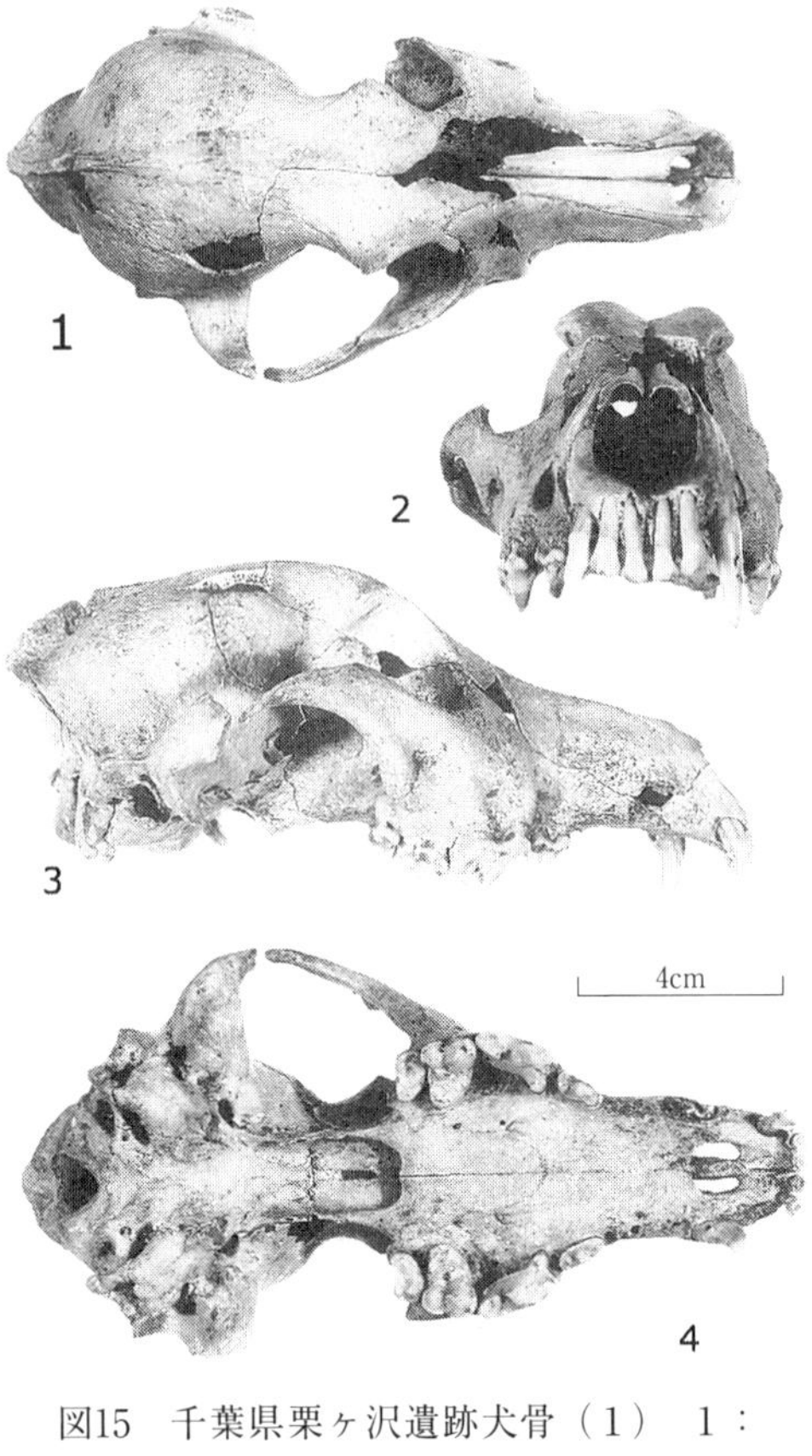

図15　千葉県栗ヶ沢遺跡犬骨（1）　1：頭蓋骨背面，2：頭蓋骨前面，3：頭蓋骨右側面，4：頭蓋骨腹面（小宮1995に加筆）

ことから、このイヌが縄文犬であることは確実だが、前頭骨から吻端に至る側面観は、一般的な縄文犬のように直線的でなく鼻骨後部が凹み、やや現代小形犬に似る（図15）。下顎骨は頑丈で、咬筋窩も深く、わずかに副筋稜が形成される。四肢骨の筋線や粗面《そめん》が強く発達し、脚力は強かったと推定される。骨端はすべて融合している。寛骨《かんこつ》の左腸恥隆起《ちょうちりゅうき》付近を中心に弓状線に沿って骨性の炎症がある。また、右大腿骨《だいたいこつ》の骨体中央部が近位外側方から遠位内側方によじれて歪曲し、そのため右大腿骨の全長は正常な左大腿骨より約六ミリ短く、骨体中央部の前後径も左大腿骨に比して太い。なお、この犬骨には陰茎骨があるので性別はオスと考えられる（図16）。

歯は永久歯列が完成しており成犬と考えられるが、左右の上顎および下顎切歯と上顎第一大臼歯、下顎切歯と下顎第一・第二大臼歯に咬耗があるほか、全体では咬耗は目立たない。上顎歯二〇本のうち六本が脱落する。そのうち左の第三切歯と右の第二小臼歯の歯槽は多孔質の閉塞痕がみとめられ、生前の脱落と考えられる。右上顎犬歯は脱落するが、開放した歯槽内壁には泥の付着痕がないので、この歯は発掘後に脱落したと考えられる。下顎歯は合計五本が脱落し、そのうち左第三大臼歯の歯槽が閉塞するが、この歯は先天的な欠歯かもしれない。なお、下顎切歯が叢生状態で左右の第二切歯が舌側に持ち上がっている。

頭蓋骨の縫合線《ほうごうせん》の癒合が進んでいるので、このイヌは若くないと考えられるが、すでに述べたように歯の損傷や咬耗は比較的少ない（小宮一九九五）。

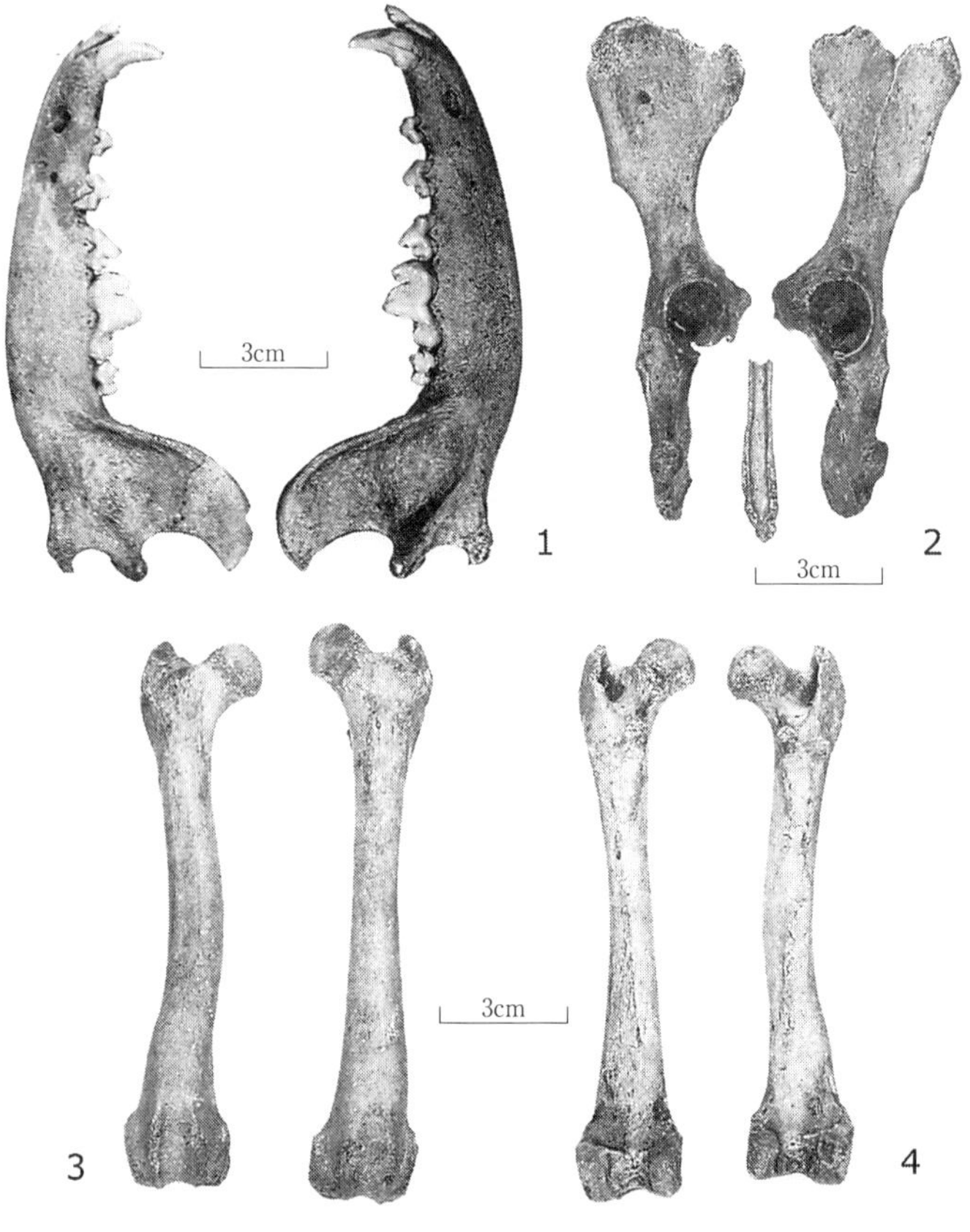

図16　千葉県栗ヶ沢遺跡犬骨（2）　1：左右下顎骨側面，2：左右寛骨腹面，中央は陰茎骨，3：左右大腿骨前面，4：左右大腿骨後面（小宮1995に加筆）

二つ炉がある住居

栗ヶ沢貝塚の犬骨の出土状況について整理してみよう。藤井功・前田潮によると、第一号住居址内からは一八のピット（以下ではＰと略称）が検出された（藤井・前田一九六六）。そのうち円形に並んだＰ１～Ｐ13と炉の周辺にあるＰ14～Ｐ17は住居の柱穴と考えられ、炉址はＰ８とＰ15の間に一つと、竪穴の中心に一つの合計二つ検出されたという（八四ページ掲載の図12）。Ｐ８とＰ15の間の炉址は直径約七〇センチの円形の範囲がよく焼け、竪穴の中心の炉址は約六〇センチ×四〇センチの範囲に焼土と灰層と思われる白色土があって、炉址の北縁に堀之内《ほりのうち》式土器の大破片五片がめぐらされているが、炉址の南縁に土器片が見当らないのは抜き去られたか意識的に北側だけに埋置したためだろうという。

図12には二つの炉址の位置が明確でないが、B-B'断面をみると×印で充填された円囲みが竪穴の中心に設けられた炉に相当するものと思われる。この炉址下から検出された土壙6は、円形土壙を二つつなげた形状で長軸はほぼ東西方向をさし、直径は二メートル×一・二メートル、深さ三〇センチである。そして、土壙内からは径約一五～三五センチ、深さ約三五～四〇センチのＰ16～Ｐ18の三本の柱穴状のピットが検出され、西壁近くの底部から犬骨が発見されたというが、Ｐ17とＰ18が図中に見当らない。

また、説明によるとP18は炉址（第一号住居の中心の炉址をさすと思われる、筆者註）の直下に位置するというので、図14にP18がみられないのはある程度、納得できても、P17が示されていない理由はよくわからない。土壙6はP8とP15間の炉址の一部を切り込んでつくられ、さらに新しい炉がこの土壙の上につくられたというから、土壙6周辺のピット群は重要である。

図14をみるかぎりでは、第一号住居の拡張などに伴って主柱穴が移動したり増設されたりした形跡はうかがえない。そうだとすれば、第一号住居を取り壊すことなくP8とP15の間の炉を壊して新たに土壙を掘り、底の三本の浅いピットに柱状の支えを立てて何らかの行為をおこなったと考えられる。その行為とイヌの埋葬の時間的な前後関係はわからない。いずれにしてもイヌの埋葬坑の上に新しい炉をつくり、それを囲む居住生活を再開したとすれば、イヌの埋葬はこの住居の住民にとって画期的な出来事だったと思われる。

炉と縄文人

千葉県千葉市稲毛区小中台《こなかだい》遺跡の二号住居跡（縄文時代中期後半：約四五〇〇年前）に残留していた炉灰の半分を分析用のフルイで水洗したところ、一ミリメッシュの面上《めんじょう》に発掘中には発見できなかった大量のマイワシの脊椎骨とタイ科魚類の鰭《ひれ》の骨が分離された。保存状態が良好であることから、竪穴住居の廃棄に際して炉を囲んで人が会食し、炉灰中に食べ物もしくはその残りを廃棄した可能性が考えられる。また、炉灰の灰層の縁は斜め上方に盛り上がっており、この炉は栗ヶ沢貝塚第一号住居跡と同様な土器片囲いだったものを、住居の廃屋に際して抜き去った可能性がある（小宮一九八七）。この時期の房総の縄文人は、長く使った住居や炉を現代人の感覚で壊すことはないと思われる。

栗ヶ沢貝塚の発掘から五〇年以上経過した現在でも、このようなイヌ埋葬の類例は未発見である。現在の竪穴住居跡の発掘は、最後に床面を精査して柱穴などの掘り込みや炉穴の掘り残しがないかチェックして終了するのが一般的だが、今後は床面下や炉址下も調査する必要があるかもしれない。

住居跡に埋葬されたイヌとイノシシ——千葉県有吉南貝塚（縄文時代中期後半）

千葉市緑区にある有吉南貝塚は、東京湾に注ぐ村田川の河口に近い下総台地上につくられた直径約一三〇メートルの環状貝塚である。この貝塚の378号竪穴住居跡から二体の埋葬犬骨（一号・二号犬骨）と一体の幼猪埋葬骨が出土した（図17）。

住居跡出土の埋葬犬と幼猪

住居跡からは加曽利EⅠ・Ⅱ式土器が出土したので、犬骨の時期は縄文中期後半（^{14}C年代で約四五〇〇年前）と推定される。図17のP1〜P6は住居跡内のピットで、ほぼ垂直に深く掘られていることから柱穴と考えられている。一号犬骨は住居跡を埋める覆土から出土し、二号犬骨はP1内から、また幼猪の埋葬骨はP5内から出土した（千葉県教育振

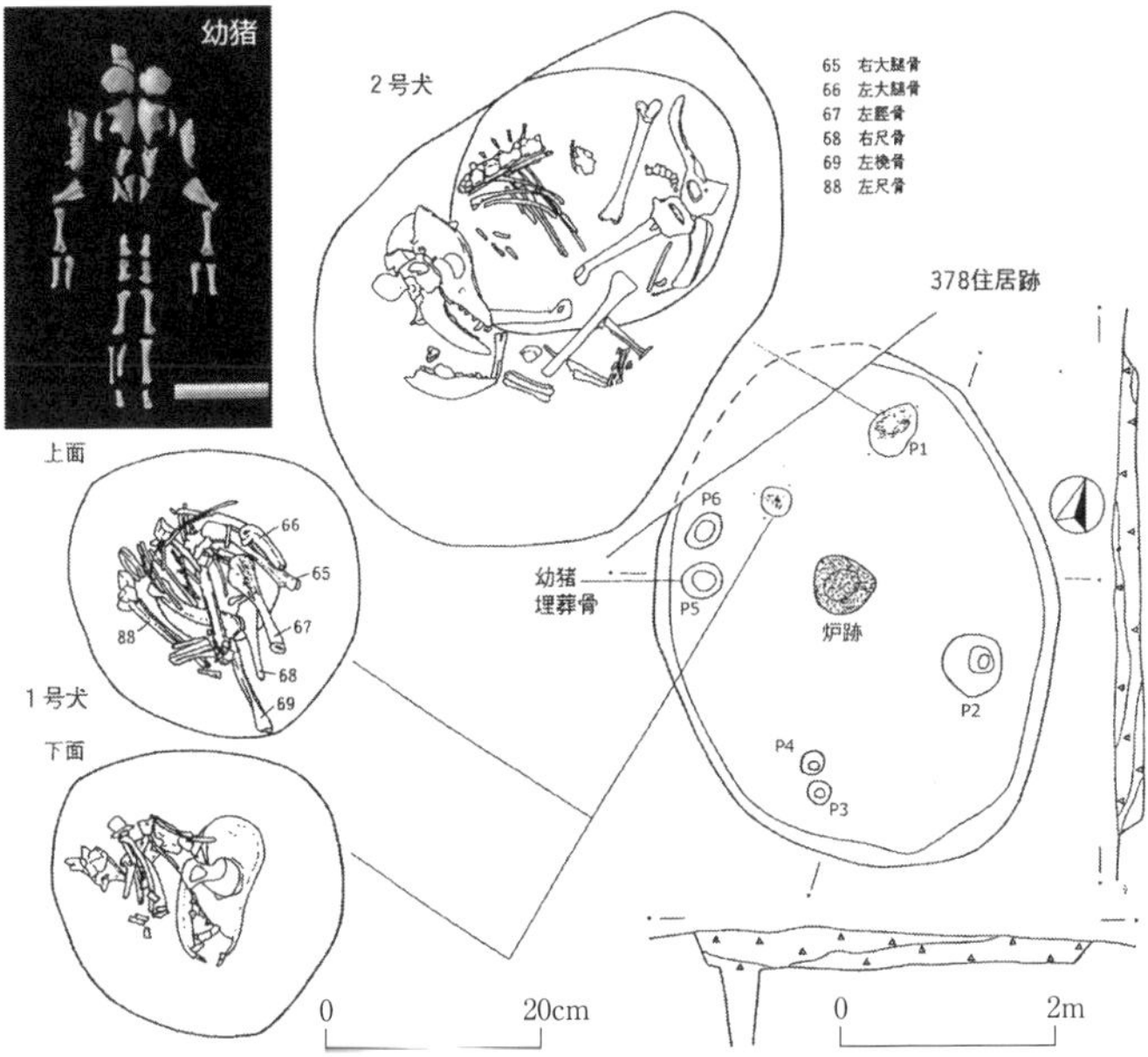

図17　千葉県有吉南貝塚378住居跡における埋葬犬骨と幼猪骨の出土状況（小宮2008に加筆）

興財団文化財センター編二〇〇八）。

一号犬

一号犬は竪穴住居の覆土中に掘られた直径約二五～三〇センチの縦穴の中に四肢を縮めて頭を下に逆《さか》さまに押し込まれたような姿勢で出土し、頭骨は住居跡の床面に着いていた。上部から出土した肢骨と床の直上にあった頭骨の比高差は約二五センチである。

頭蓋骨は発掘後に大きく壊れ、筆者が復元作業をしているときに異動となったため頭蓋骨の形状は復元できなかった。しかし、一号犬骨には重複する骨はないので、一頭分の全身の骨が揃っていたと考えられるが、左の切歯骨が大きく破損し、左の上顎切歯三本が行方不明である。それ以外の歯牙はすべて確認できたので、永久歯の完成した成犬と考えられる。上顎切歯の咬耗は現代犬の二歳半前後、また下顎切歯の咬耗は現代犬の六ヶ月齢程度である。現代犬との食べ物の違いを考えると、年齢は一歳前後かもしれない。上顎第四小臼歯、第一・第二大臼歯はほとんど咬耗していない。左右の下顎骨は第二・第三小臼歯がなく、これらの歯を支える下顎体が大きく退縮している。この二歯は先天的な欠歯の可能性がある。

外矢状稜は弱く、側頭線は頭頂間突起からすぐに分かれて左右に膨らみ、正中に達しないまま前頭骨の頬骨突起に至っている。先にみた二ツ森貝塚犬骨や現代小形犬に類似する。正中縫合をはじめとする頭蓋骨の主な縫合線はいずれも明瞭である。大腿骨の遠位端と脛骨の近位端の骨端線は癒合していない。ビーグル犬では前肢の骨端線は生後一四ヶ月までに閉鎖するという（Yonamine *et al.* 1980）。後肢も同じような経過をたどるとすれば、死亡年齢の上限は一四ヶ月である。現代日本犬の永久歯列の完成は生後三〇〇～三一〇日前後で（山縣ほか一九九三）、縄文犬もこれと大きく変わらないとすると、このイヌの年齢はこれらの年月の間に入る確率が高く、歯牙の咬耗程度から推測した年齢とも矛盾しない。なお、回収された犬骨から陰茎骨を確認できていないので、性別はメスと考えられる（小宮二〇〇八）。

住居跡柱穴に埋葬された二号犬と幼猪

二号犬の出土したP1は開口部の直径が約五〇センチ、深さ九〇センチで、二号犬はP1開口部の縁から約三〇センチの深さに体を丸めた横位で出土した（図17）。

頭蓋最大長一五〇ミリの小形犬で、頭蓋骨の縫合線は前頭間縫合が後方で冠状縫合とクロスする部分が癒合するが、そのほかでは縫合線が明瞭である。脛骨の近位端は融合していない。以上のように二号犬の年齢形質は一号犬と大きな違いがないことから、両者はほぼ同年齢と推定される。

二号犬骨には陰茎骨が伴うのでオスと判定されるが、オスでも外矢状稜は弱く、三貫地貝塚犬骨のような発達した骨隆起はみられない。前頭骨から鼻骨に至る側面観が直線状であること、眼窩が後方に傾斜することなど縄文犬の特徴を有しているが、側頭筋がつく側頭線は頭頂間突起の脇から矢状縫合に沿って平行に伸びたあと、すぐ放物線を描いて左右に分かれて前頭骨の頬骨突起につづく。先に述べた三貫地貝塚犬骨、境貝塚犬骨とは異なり、どちらかというと栗ヶ沢貝塚犬骨に類似している。ただし、メスと推定された一号犬や現代小形犬のような側頭線の外側への膨らみはない。

歯は永久歯が完成している。上顎歯は叢生状態で、歯槽が開いた左第一小臼歯以外の歯はすべて残植する。吻の前後への短縮が進行し、歯列は現代小形犬に似た西洋ナシ型で、左右の上顎第三小臼歯に結節もしくは舌側根が生じている。右下顎歯は全歯残植する。下顎歯は左第二小臼歯の歯槽が閉じ、治癒痕があることから生前の失歯と推定される。咬筋窩は深く下顎体は厚い（図18）。歯の咬耗は軽度で、上顎および下顎切歯の咬耗は一号犬と同程度である（小宮二〇〇八）。

二号犬は全身の骨が解剖学的な位置を保って出土したので、埋葬がこの住居の廃棄後、

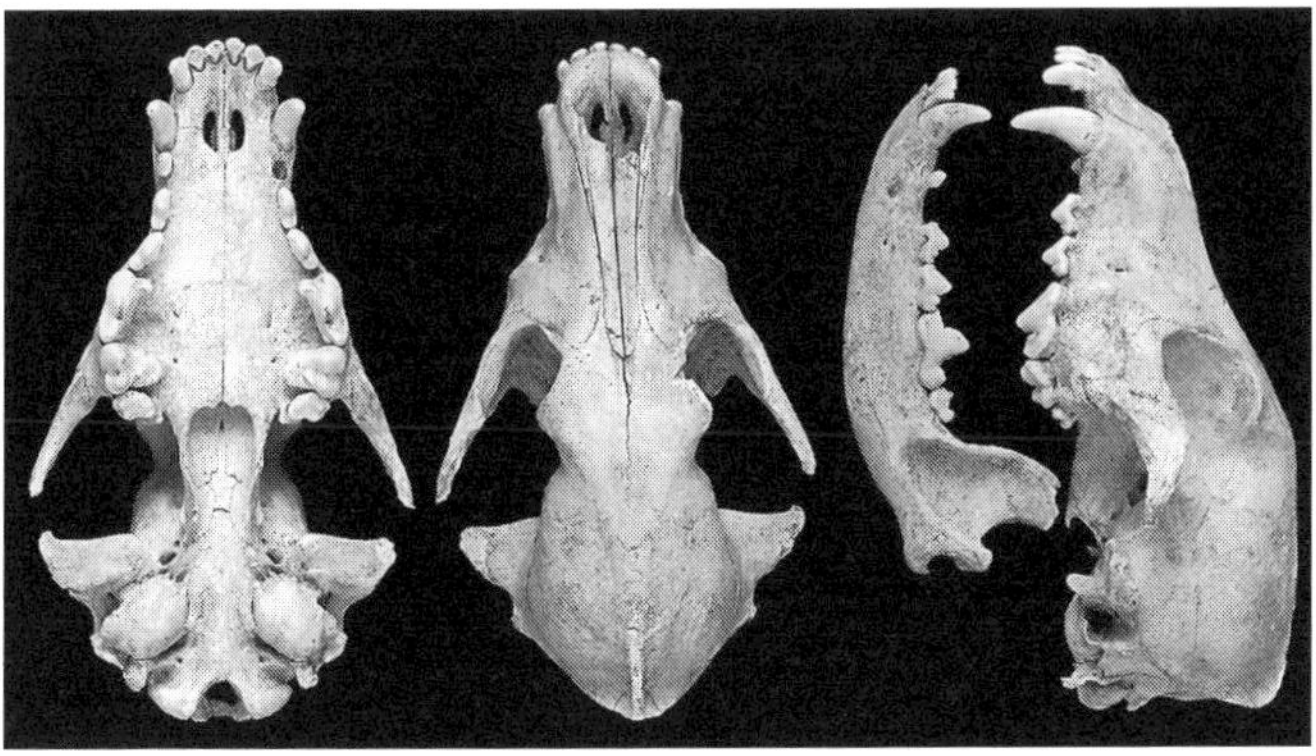

図18　千葉県有吉南貝塚２号犬頭骨　左：頭蓋骨腹面，中：頭蓋骨背面，右：頭蓋骨左側面と左下顎骨（小宮2008に加筆）

さらに主柱を撤去したあとであることは間違いない。二号犬が出土した柱穴（P１）に隣接する柱穴（P５）のほぼ同じ深さからも、生後約二週（小宮二〇〇八）の幼猪一頭の埋葬骨が出土している（図17）。

幼猪の推定年齢に大きな誤りがなければ、幼猪はまだ乳離れ前である。この幼猪が野生だとすると、母イノシシの隙《すき》をついてさらってきたことになる。二号犬の死がこの住居の廃棄と偶然重なったと考えることは可能だが、さらってきた野生の幼猪の死を説明するのに無理が生じる。筆者は、イヌ（二号犬）と幼猪は住居の廃棄に伴う供犠《くぎ》と考えたい。ただし、一号犬の埋葬については住居の廃棄との時間差が不明で、現状では両者の関連性は明らかでない。

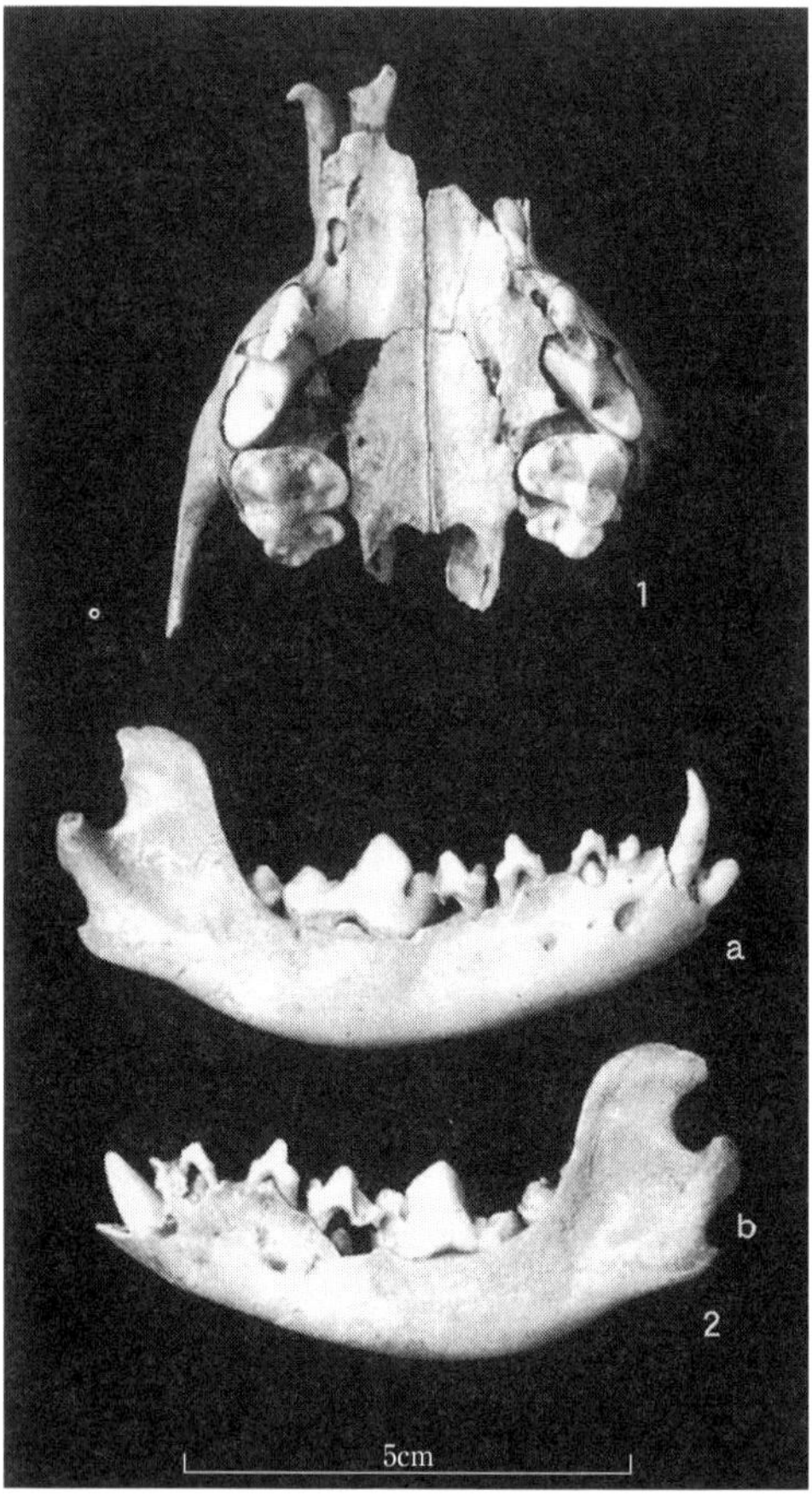

図19　草刈貝塚 H592B 住居跡主柱穴出土の犬頭骨　1：上顎骨腹面，2：下顎骨　a：右側面，b：左側面（上2010に加筆）

柱穴への イヌの埋葬

住居跡の柱穴に家畜を埋葬した類例が、有吉南貝塚と同じ村田川河口の台地上にある千葉県市原市草刈《くさかり》貝塚の住居跡（H592B）から報告されている。報告書の執筆担当者によると、この住居跡は中期中葉の阿玉台《あたまだい》式後半から中峠《なかびょう》式にかけての時期のもので、主柱穴と推定されるピット内から下顎第一大臼歯（以下ではM_1と略称）が萌出直後の幼犬一体分のほぼ全身骨格が出土した。埋葬されていた可能性が高いが、出土状態を記録した実測図や写真がなく詳細な出土状況は不明だという（上二〇一〇）。

在来犬種の歯の成長様式を肉眼とX線で観察した山縣純次らによれば、M_1の萌出は生後一三〇日前後、歯根が閉鎖してM_1が完成するのは生後二七〇日前後である（山縣ほか一九九三）。報告書の写真図版（図19）では歯根の状態が明らかでないので、M_1が完成しているかどうか不明である。しかし、下顎小臼歯はまだすべて乳歯の状態で植立していること、また永久第二小臼歯の歯冠先端部が下顎骨の縁からわずかにのぞきみえることなどから、この幼犬は生後一四〇〜一五〇日前後の死亡と推定される。

なお、廃屋の主柱穴にイヌを埋葬した国内最古の事例は、先に述べた埼玉県水子《みずこ》貝塚一五住居跡（前期前半）で、このような埋葬様式は前期前半までさかのぼるものと考えられる。

国内最古の埋葬されたイヌ——愛媛県上黒岩岩陰遺跡（縄文時代早期後半〜前期初頭）

国内最古の埋葬犬骨の年代測定

愛媛県上浮穴郡久万高原町《かみうけなくまこうげんちょう》にある上黒岩岩陰遺跡《かみくろいわいわかげ》は、石鎚《いしづち》山麓の標高約四〇〇メートルの石灰岩洞窟につくられた縄文早期を中心とする遺跡である。一九六二年（昭和三七）の発掘では洞窟内の遺跡堆積物は一四の層に分層され、Ⅳ層から大小二体の埋葬犬骨が発見された（江坂ほか一九六七）。しかし、犬骨は発掘後まもなく行方不明となり、最近になって二体とも大破した状態で再発見された。それまでの約半世紀の間に科学技術が進歩して、微量な遺存体サンプルでも年代測定や同位体分析、ミトコンドリアＤＮＡの解析などが可能になっていた。そこで関係者が協議して、大破した犬骨の復元などを進めるいっぽう、専門研究者に骨から直接、年代、生前の食生活、遺伝情報を読み取ってもらうよう協力を依頼した。幸い、これらすべての試みに国内で初めて成功することができた（Sato *et al.*, 2015, Gakuhari *et al.*, 2015, Masuda & Sato, 2015）。

犬骨の較正年代は七四一四〜七二七三年前と算定された。埋葬犬骨が出土したⅣ層は黄《き》島《じま》式併行の押型文《おしがたもん》系土器を伴うので、埋葬犬骨の年代は当初、縄文早期中葉（^{14}C年代で約八五〇〇年前）と考えられたが、この較正年代にもとづくと犬骨の年代はこれよりも一〇〇〇年近くも新しい縄文早期末〜前期初頭相当に対比されることになった。

Ⅳ層の上位にあるⅢ層からは早期末〜前期の轟《とどろき》式土器が出土している（江坂ほか一九六七）。轟式は現在では轟A式と轟B式に分類され、轟A式は九州南部で鬼界《きかい》カルデラから噴出した幸屋《こうや》火《か》砕流《さいりゅう》（K-Ky：較正年代で約七三〇〇年前の鹿児島県薩摩《さつま》半島の南約五〇キロにある鬼界カルデラの巨大噴火に伴う火砕流。海上を流走し、南九州の縄文文化を壊滅させたと考えられている）に伴う鬼界アカホヤ（鬼界カルデラ巨大噴火に伴う火山灰K-Ah）より古い。また、轟B式はK-Ahイベントより上位層から出土し、較正年代は約七〇〇〇〜六七〇〇年前である。これらのことから、二体の埋葬犬骨の年代は、轟A式期と考えるのが妥当と思われる（Gakuhari *et al.*, 2015）。

上黒岩岩陰遺跡の埋葬犬骨に関する当初の推定年代と骨の実測年代の相違は、Ⅲ層からの埋葬に伴うⅣ層への掘り込みを発掘中に確認できなかったことに起因すると推定される（Komiya *et al.*, 2015）。しかし、洞窟遺跡は屋外の遺跡に比べると発掘中の足場や作業スペースなどが極端に制約されるうえ照度が圧倒的に低く、遺跡堆積物の見極めには困難が伴う。当時の洞窟遺跡発掘での層位の誤認は、ごく普通に起こりえたと考えられる。

一号犬の歯と骨

一号犬の頭蓋最大長は一三九ミリで、現在までに知られている縄文犬頭骨の中では最小クラスである。サイズは小さいが、永久歯列の完成した成犬である。全身のプロポーションは現代の柴犬に似るが、吻から前頭骨の傾斜は直線状で頬骨が高い（図20－上）。下顎骨は頑丈で咬筋窩が深いなど縄文犬に共通した特徴がみられる。

しかし、外矢状稜は弱く、頭頂間突起の左右から前方に向かう側頭線は矢状縫合をはさんで平行に伸びたのち左右に分かれ、正中に達していない（図20－下）。上顎歯は二〇本のうち六本が抜け落ちている。右犬歯から右第一～第四小臼歯が叢生状態で、上顎と歯牙サイズがアンバランスになっている。左第二・第三切歯、左右の第一小臼歯、右第二小臼歯の歯槽は開いているので、発掘後の脱落と思われる。左第二小臼歯も存在しないが、歯槽は退縮し骨増殖の痕跡が不明確である。先天的な欠歯の可能性がある。残植する上顎歯の各歯種の計測値は左右でほぼ等しいが、左右の小臼歯列長に開きがあって左側が右側より一〇%ほど短い。左第二小臼歯の欠落の影響と思われる。左右の上顎第三小臼歯付近がくびれて右第三小臼歯に舌側根が生じている。上顎の短縮によるものと考えられる。

歯の咬耗は前歯部の咬耗が少なく、現代犬の基準では一歳半から二歳くらいの咬耗に相

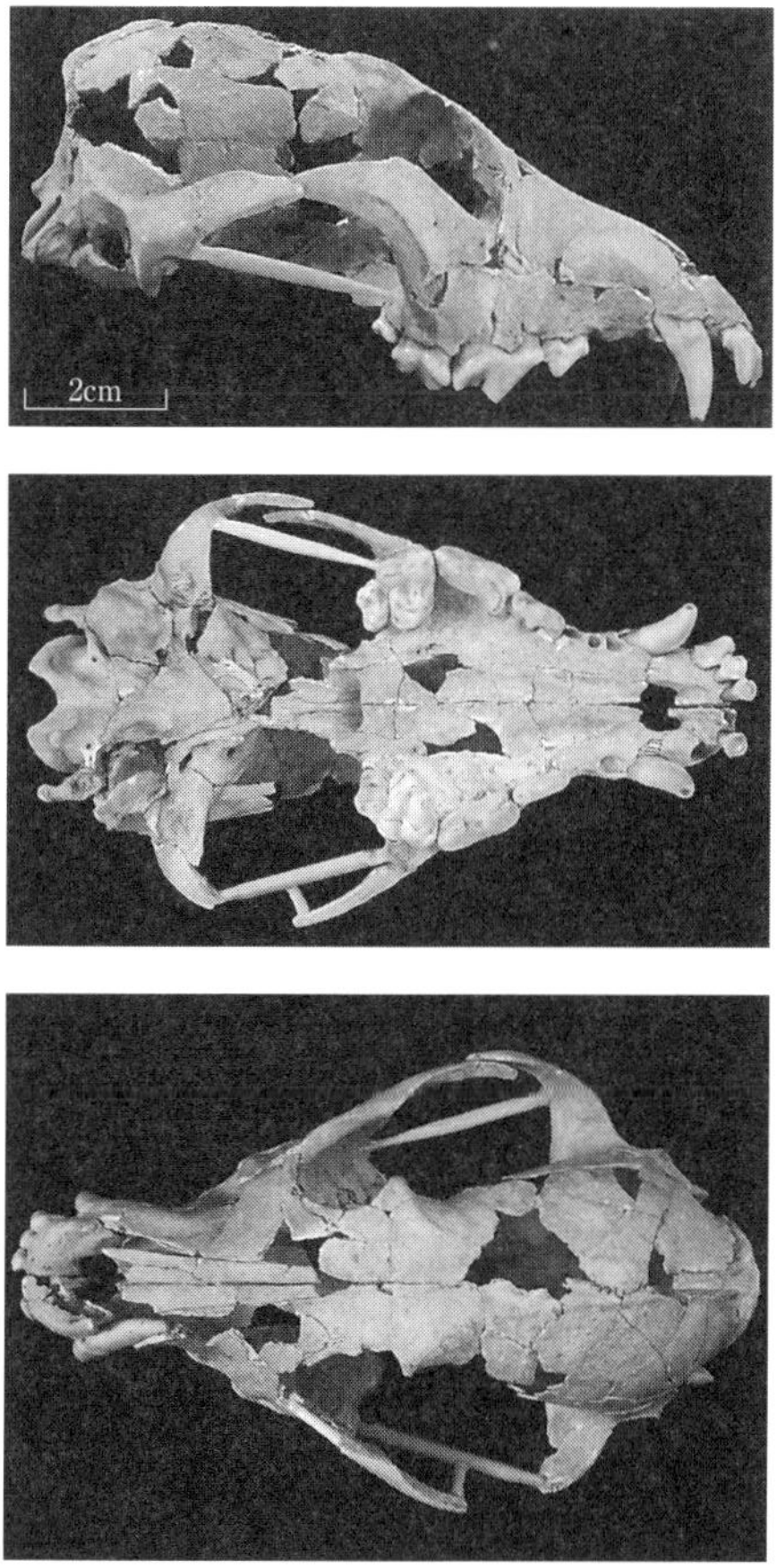

図20　愛媛県上黒岩岩陰遺跡１号犬頭蓋骨　上：側面，中：腹面，下：背面（Komiya *et al.* 2015に加筆）

当するが、第四小臼歯、第一・第二大臼歯は咬耗が進み、咬頭の象牙質が露出している。下顎骨は左右とも先端部と右下顎枝を基部から欠損する。欠損面は新しく、発掘後の欠損と考えられる。左右の犬歯歯槽の遠位縁と遊離した犬歯を確認できたので、下顎歯は切歯を除く一六本のうち、左右の第一・第二小臼歯、右第二大臼歯、左右の第三大臼歯の合計七本が脱落する。そのうち左右の第一小臼歯は歯槽およびその痕跡がないので欠歯であろう。右第二小臼歯の歯槽には退縮した二本の歯根が残存するが、左第二小臼歯の二本の歯槽は多孔質の組織で充填されている。いずれも生前の失歯と考えられる。右第二大臼歯、左右の第三大臼歯の歯槽は開いており、発掘後の脱落と思われる。

最小級でも筋肉が強い一号犬

四肢骨の骨端線《こったんせん》はすべて閉鎖している。上腕骨は近位関節にみられる骨稜が現代小形日本犬に比べて全体に強く発達し、骨頸部の凹みが深い。遠位関節幅は広くて頑丈である。滑車三角筋の終止する三角筋粗面が、現代小型日本犬に比べて著しく広い。大円筋《だいえんきん》の終止する大円筋粗面も強い。これらの筋肉は、肩関節の屈曲と上腕骨の挙上、伸展などに関与している。

いっぽう、脛骨粗面の発達は現代犬とほぼ同程度だが、近位関節の膝窩切痕《しっかせっこん》の嵌入《かんにゅう》が深く、遠位関節部の内果が発達するなど、股関節や膝関節を屈伸する筋肉が終止もしくは起始する部位が現代小形日本犬に比べてよく発達している。

すでに述べたように、イヌの走行は自動車に例えると前輪駆動システムなので、このイヌのサイズは縄文犬として最小クラスであるが、脚力は相当強力だったと思われる。なお、一号犬の陰茎骨は発見できていないが、標本の履歴を考慮して性別は不明とした。

普通サイズの二号犬

二号犬は周知の縄文犬のプロポーションと比較すると、いくぶん口蓋幅が広めだが、頭蓋最大長は約一六〇ミリで縄文犬の標準サイズである。外矢状稜が発達し、側頭線は正中に達する。一号犬と同様に眼窩の最高点と最低点を結ぶ線は後方に傾斜し（図21－上・中）、咬筋窩が深い。

上顎歯は左犬歯と第一小臼歯、左右の第二大臼歯が歯槽ごと新しい破損面で失われている。この破損部分を除いた一六本のうち、右側は第一・第二切歯、第一小臼歯の三本が歯槽の開いた状態で脱落している。右第二小臼歯は歯槽が閉塞している。歯の咬耗が進み、切歯、犬歯、大臼歯の咬頭の咬耗が激しく象牙質が大きく露出している（図21－下）。

下顎骨は左右とも先端部に新しい破損があり、犬歯および切歯が失われている。残存する下顎歯一四本のうち、左右第一・第二小臼歯、左第三・第四小臼歯、左右の第三大臼歯の八本が存在しない。ただし、左第一小臼歯の歯槽内に歯根と思われる痕跡が残存してお

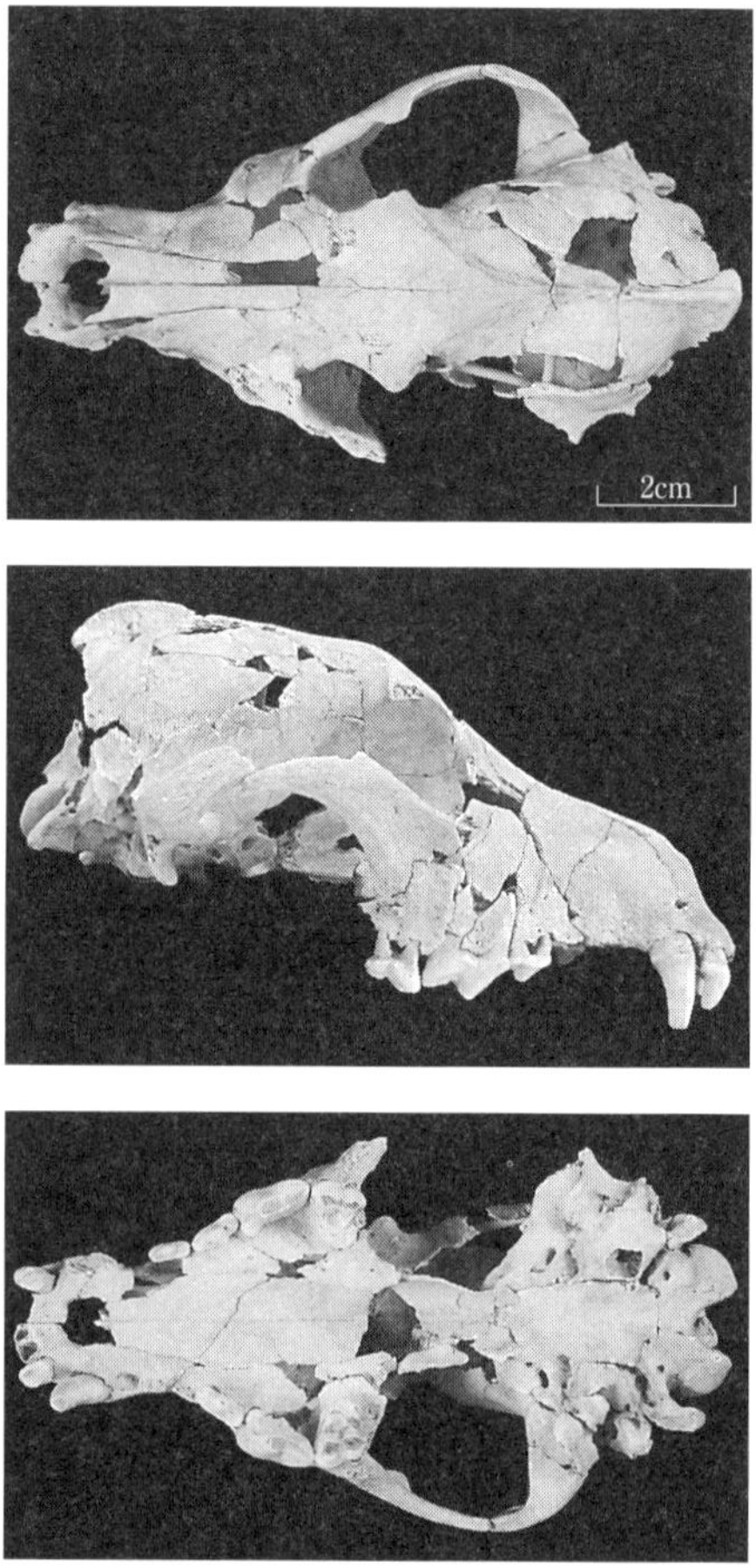

図21　愛媛県上黒岩岩陰遺跡２号犬頭蓋骨　上：背面，中：側面，下：腹面（Komiya *et al.* 2015に加筆）

り、また左右の第二小臼歯の歯槽はすべて開いているので、上記の三本以外は死後の脱落と考えられる。第二小臼歯は二根だが、歯槽の痕跡がなく、歯槽骨の退縮もあまり顕著ではない。とくに右の第一小臼歯の歯槽遠心端と第三小臼歯の歯槽近心端の距離が六ミリと極端に短いので、先天的な欠歯の可能性がある。下顎歯は上顎歯と同様に咬耗が進み、とくに大臼歯の各咬頭は象牙質が大きく露出している。左下顎第一・第二大臼歯の間に歯槽膿漏《のうろう》に伴うと思われる歯槽骨の吸収が頬舌両側にあり、第二大臼歯の近心根に退縮がみられる。

なお、二号犬の四肢骨の多くは新しい破損面で壊れており、詳細な観察と性別の判定はできなかった（Komiya *et al.*, 2015）。

一号犬と二号犬骨は隣接して埋葬されており、一体を直接測定した^{14}C年代や較正年代に大きな開きはなく、前後して死亡したと考えられる。

縄文犬の用途

縄文人はイヌを何に使ったか?

従来の考古学における縄文犬の研究は形態が中心だった。したがって、イヌの用途については、猟犬・番犬・愛玩犬・食用犬・毛皮犬などがあげられているが、いずれも現代犬の用途から類推したもので、具体的な考古学の証拠をあげて検討したものはほとんどみられない。しかし、考古学が形態学を離れてイヌと縄文人の関係を考えていくとすれば、出土状態や解剖学的な特徴にもとづいて縄文犬の生前の生活を復元し、それをベースにイヌの用途にせまることが重要だと思われる。イヌを飼って得ることがあるからイヌを飼い、エサをやる、という基本スタイルは当時も現代もあまり変わりなかったと思われる。そうだとすれば、縄文人がイヌを飼うことで得たものは何だったのだろうか。

それとも、縄文人はイヌが集落周辺にいることを許容しているが、イヌにはとくに関心がなく、イヌは人が残飯を捨てた気配を感じると何処からともなく集まり、残飯をみつけると先を争いながら食べ、食べ終わるとまた何処かへ消える。縄文人とイヌはそんな間柄だったのだろうか?

筆者は縄文犬の用途についても、初期縄文犬と中期以降の縄文犬に分けて考える必要があると思っている。しかし、本書では「具体的な考古学の証拠」という立場に立ち、これまで述べた七つの縄文遺跡から出土した埋葬犬骨の解剖学的特徴や出土状況などをベースに縄文犬の用途をイメージすると、どのような筋書きが描けるか考えてみたい。

縄文犬骨に残る損傷痕

縄文人とイヌの出会い

縄文時代が始まった頃の日本列島で暮らしていた人たちが知る動物といえばすべてが野生動物だったので、移動してきた人たちが連れてきたイヌを知らずに狩ってトラブルになったかもしれない。列島の人たちがそのようなトラブルを克服してイヌを飼い始めたとしても、その用途はイヌを連れてきた人たちから教えてもらった範疇を大きく外れることはなかっただろう。

先に述べたように、旧石器時代末から縄文時代初期にかけての時期には、日本列島の住民の道具類や工具類はめまぐるしく変化しており、大陸に起源のあるものも多く含まれている。当時、アジア大陸から日本列島に一部の人々を押し出した原動力の正体は不明だが、イヌを連れた人たちが渡ってきた時期が一回かぎりだったとはかぎらないし、渡ってきたコースも一つだったとはかぎらない。狩りの対象になる野生動物を追って凍てついた海峡をイヌとともに歩いてきたかもしれないし、大陸沿岸で狩猟のほかに漁撈を営み航海術にも長《ちょう》じた人たちの一部がイヌを舟に乗せてきたかもしれない。

そうだとすれば、この時期の日本列島には大陸のさまざまな地域から旅立った人たちが、いろいろな場所にたどり着き、狩猟犬、食用にする犬、荷物曳《ひ》きの犬など、さまざまな用途のイヌを放ったと考えるべきだろう。その中にはイヌの頭部を切断し、聖なる祭事に使う人たちもいたと想定するのが自然かと思われる。

縄文時代の狩りの謎

縄文貝塚から出土したシカやイノシシの骨を計測すると、その多くは現生種の普通サイズより長さや幅がかなり大きい（図22）。比較する現生種の体重がわかっている場合、出土標本と現生種の骨の長さの比の三乗が出土標本の復元体重に近似すると考えると、図22の縄文イノシシの推定復元体重は二〇〇キロを超える可能性がある。縄文人は男女とも現代日本人より小柄だが（平本一九八一）、彼らが狩っていたシカやイノシシは現生のものよりサイズも体重も相当大きかった可能性が高い。二四ページ掲載の図1をみてもわかるように、とくに殺傷力の強い狩猟具を開発しな

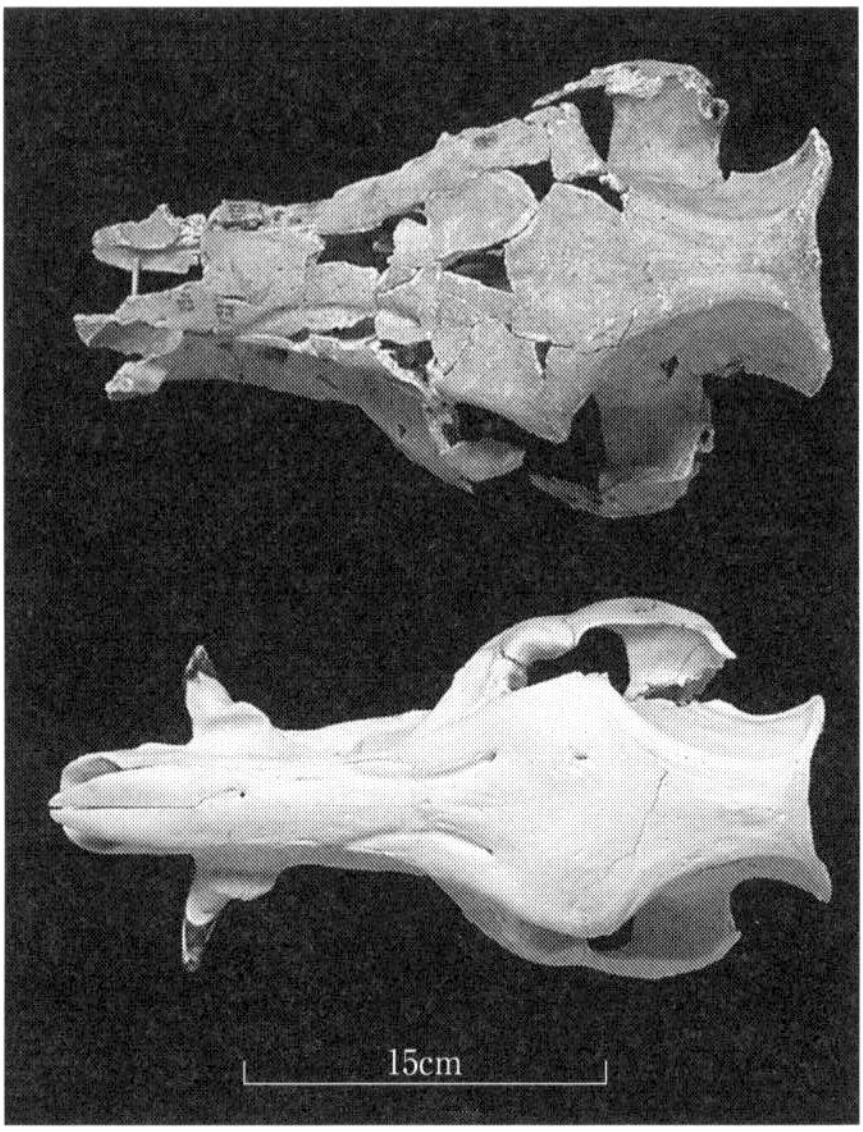

図22　千葉県武士遺跡出土のイノシシ頭骨（SA398-220）と現生種（体重約80-90kg）（小宮原図）

かったと考えられる縄文人が、どのようにしてこのような大物を狩ることができたかが謎である。

とくにイノシシの体表には剛毛が密生し、首が短くて太く、そのうえ体重が重く脚が速い。乗用車か軽トラックのようなヤツが大きな口を開け、鋭い牙と歯を剥《む》いて猛スピードで突進してくるのだ。ひとりでイノシシを仕留《しと》めるのは大変危険で、現代の猟師でもイノシシ猟には銃とイヌが欠かせない。現代のイノシシ猟の実態を文献で調べて、当時の狩りの謎解きのヒントを探ってみよう。

現代のイノシシ猟

現代の日本のイノシシ猟には乙種（銃猟）と甲種（罠猟《わな》）、自由猟がある。落とし穴は昭和初年に消滅した。罠猟は細いワイヤーロープでつくった括《くく》り輪で、弾性があり強靭な細い竹や棒の先に付けてシシ道に仕掛ける。罠で重要なことは仕掛けた周囲に人の臭いを残さないことであるが、見まわりは単独か二、三人でおこなう。銃の携行が必要で、毎日見まわったとしても捕獲率は高くはない。また、かかった獲物は回収されるまで放置されるので、獲物を長時間苦しめる。死んで放置されると血が肉に回って肉味が損なわれる。また、イノシシ以外の動物やイヌがかかる場合がある（白井一九九二）。

罠　猟

罠猟に関連した民族例をいくつかみると、待ち受けタイプの落とし穴や罠は設置するのに多くの時間と労力が必要である。設置したあとも獲物がかかっているか頻繁に見まわりに出なければならない。大家族ほど設定や見まわりを含めた保守・管理は有利である。

ムラ近くを通る「けもの道」には、ムラの家族が設置した罠が密集する。ムラ近くの罠は、往復や保守・管理にかかる時間は少なくてすむが、密集した罠に獲物がかかる確率は相対的に減少する。いっぽう、競争を避けムラから遠く離れた場所に罠を仕掛ける場合は、見まわりの効率を上げるために罠は一つや二つでなく数多くの罠を設置する必要がある。歩行や設置などにかかる時間や労力の割に獲物の捕獲率が高くなる保証はない。

獲物を捕り尽くすと更新が必要で、遠くの罠にかかった獲物は腐食やほかの動物に食われるリスクが大きく、また長時間放置した獲物はストレスが蓄積して肉質が落ちるなどの欠点がある。

吠え留め猟と巻狩り

乙種猟は吠《ほ》え留《ど》め猟と巻狩《まきが》りがある。吠え留め猟は通常猟師が二、三人で組み、仕込みイヌ数頭でおこなう。長い曳き綱をイヌにつけて山に入り、イノシシの足跡や食み痕《はみあと》などの探索から始める。新しい痕跡をみつけるとイヌは臭《にお》いをたどって初めは丹念に鼻を使って静かに臭いを追うが、イノシシのネヤに近づくにつれて曳き綱を力強く引くようになる。強まった引きに満を持した猟師が綱を解くと、放たれたイヌの群れが勢いよく樹木の密生したネヤに突進して中に潜むイノシシを起こして渡り合う。ネヤのまわりを吠えながら走り回るイヌの群れにイノシシがうるさがって逃げ出すと、すぐに追いついたイヌがイノシシの後脛に噛みつく。噛まれたイノシシが振り向きざまイヌに牙を剝き反撃する。イヌはそれをかわして跳び退《との》き、イノシシの後ろから後脛の腱《けん》を嚙んでついにはイノシシの動きを止める。揺れ動く木立やイヌのなき声を聞きつけた猟師が生い茂った斜面をかけ登って、近距離からイヌが止めたイノシシの急所を射撃する短時間の勝負である。

イヌだけで咬殺可能なイノシシはイヌの体重の総和とほぼ同じまでで、一五分以上死闘をつづけると体力の限界がきてイヌがやられてしまう。現在の柴《しば》犬の平均体重は八〜一〇キロ、甲斐《かい》犬で八〜一八キロ、縄文遺跡から出土するイノシシ成獣の平均体重は七〇〜八〇キロ前後と推定されるので、咀嚼《そしゃく》力や脚力が現代犬と比較にならないくらい強い縄文犬でも縄文人は一〇頭前後を連れてイノシシ猟をしていたと思われる。経験の少ない若いイヌや向こう見ずのイヌは、むやみに突進してイノシシの牙にかかり重傷を負うか死亡する。イノシシの反撃を運よくかわしながら浅手を何回も受けて攻撃する技を覚えた機敏で警戒心の強いイヌが生き残り、優秀な猪犬に育つ。しかし、イノシシ猟の大衆化が進むと猟師の間で優れた猪犬を育てる気概は失われ、一九六〇年代には四肢の腱をイヌに嚙み砕かれたイノシシは見なくなったという（白井一九九一）。一九八七年（昭和六二）にＮＨＫが放映した宮崎県椎葉村《しいばそん》のイノシシ猟では一一頭のイヌの群れが一頭のイノシシを追うが、一時間ほどで七頭のイヌが死傷、行方不明となりイノシシを取り逃がしている。

現代の猟師はふつう数頭のイヌを飼っているが、一猟期に何頭かは死ぬか重傷を負って消耗するので、猟師はいつも補充に腐心している。村のイヌが放し飼いだった時代には、目ぼしい若イヌを手なずけて自分の群れに編入するなどして群れの維持につとめていた。シベリア東南部や満州の猟師たちも同様にして自分のイヌの群れを維持しているという。イヌは本能的にイノシシを恐れ、最初からイノシシに闘志を燃やすイヌはいない。警戒心と度胸のすわった若イヌを選抜してイノシシの内臓などを与えたり、イノシシの骨を遊び道具に与えたりして育て、ベテランのイヌたちに組み込めば、付和雷同的にイノシシに接近するようになるという。

獲物がいつかかるかわからない罠猟と違い、猟師の方から攻める猟は猟師が必要とする量の肉を必要な時期に得られるのが強みである。仕留めた獲物はすぐ横倒しにして「ハラアケ（内臓をとる）」して血抜きをし、川などの流水に浸けて体温を下げることで新鮮で臭《くさ》みのない肉が得られる（白井一九九二）。

出土イノシシの矢傷・打撃痕

東北・関東・中部地方の縄文時代中後期の貝塚からは、石鏃《せきぞく》を射込まれたイノシシの肋骨《ろっこつ》や脊椎骨《せきついこつ》のほかに、脳天や眉間《みけん》に受けた重度の打撃傷やそれが治癒した痕跡のあるイノシシ頭骨が出土する（金子一九八四、小宮二〇一五）。

イノシシの脳を入れる頭蓋腔《とうがいくう》は周囲を厚い頭蓋骨《とうがいこつ》が囲んで外部からの衝撃に耐えるようになっている。頭蓋骨は背側がとくに厚く発達し、さらに頭蓋骨の中は大小の空洞に分かれて外部からの衝撃を吸収する構造になっている。ちょうど厚い発泡スチロール製のヘルメットをすっぽり被っているようなものである。したがって、イノシシの脳天を滅多に叩いても私たちのように簡単にはまいらない。頭蓋骨が最も薄いのは眼の間の眉間で、縄文人はこのことをよく知っていたようで、遺跡からはこの部分を狙って鈍器を力一杯振り下ろしたときにできるような痕跡のついたイノシシ頭蓋骨が出土する。イノシシもおとなしく叩かれてはいないはずだが、縄文人は暴れて動く的を外さずに捕らえている。

いっぽう、縄文の石鏃は一般的に軽量で、遠方からイノシシの泥を塗りたくった剛毛と厚い皮膚を射抜いて致命傷を与える力はないと考えられる。イノシシの骨に残るこれらの傷痕は、当時のイノシシ猟が石製の斧《おの》や棍棒《こんぼう》、弓矢などをもった縄文人が至近距離からイノシシを攻撃する接近戦だったことを物語る。そして、中には傷が治癒した痕跡（一三八ページ掲載の図23を参照）のあるイノシシ頭骨が混じっていることから、瀕死《ひんし》の重傷を負いながらも縄文人の囲みを突破して逃げ切るものがいたことがわかり、当時のイノシシ猟の凄《すさ》まじさがうかがえる。

現代の猟を参考にすると、当時の縄文人にこのような接近戦が可能となった背景としては、イノシシの動きを止めた縄文犬の存在を考えるのが妥当と思われる。

縄文犬に残る傷痕

すでに述べたように、イヌが「ものに噛みつく」「噛んだものを引っ張る」「ものを咥《くわ》える」ときに使う歯は、切歯《せっし》、犬歯《けんし》、上下で噛み合わない小臼歯《しょうきゅうし》の前歯部の歯だった。「埋葬されたイヌたち」の章で取り上げた境《さかい》貝塚犬骨（後期前半）、響《ひびき》貝塚犬骨（中後期）、田柄《たがら》貝塚犬骨（後晩期）などのほか、筆者が直接調査する機会のあった縄文犬頭蓋骨の約六〇％がこれらの前歯部のいずれかの歯を生前に喪失したり破折したりしている。また、肢骨《しこつ》を激しく骨折治癒した宇賀崎《うがさき》貝塚6層埋葬犬骨（前期中葉）や薄磯《うすいそ》貝塚埋葬犬骨（晩期）などについてもすでにふれたとおりである。縄文犬が負ったこれらの損傷の原因は、イノシシ猟での格闘中に生じたと解釈することで無理なく説明できる。

そうだとすると、イヌを使った縄文人のイノシシ猟はいつ頃から始まったのだろうか？　早前期は全国的に遺跡からのイヌの証拠が少ないので、罠猟が狩猟の主体だったと考えると、当時もイヌを使う猟がおこなわれていたのだろうか？　全身の骨の状態がわかる初期の縄文埋葬犬骨にも、歯牙《しが》の損傷や肢骨の骨折などの痕跡がみとめられるかどうか、ふり返ってみよう。

骨・歯の損傷

国内最古の埋葬犬骨は、愛媛県上黒岩岩陰《かみくろいわいわかげ》遺跡の二体の犬骨（早期末～前期初頭）であるが、歯牙に生前の損傷がみとめられた。つぎに年代が古い宮城県宇賀崎貝塚6層の埋葬犬骨（前期中葉）にも歯牙の損傷と右大腿骨《だいたいこつ》に激しい骨折が報告されている。また、筆者の知るかぎりでは三番目に古い鹿児島県宇宿《うしゅく》小学校構内遺跡の埋葬犬骨（前期後半）にも生前に受けた歯牙の損傷がある。これらの各遺跡からはいずれもイノシシが出土しており、これらの埋葬犬はイノシシ猟に使われた可能性が高い。

頭蓋骨が単独で出土したイヌの方はどうだろうか？

北海道天都山《てんとさん》貝塚の犬骨（前期前半）は歯牙に激しい損傷があると報告されている。しかし、当時の北海道には野生のイノシシは生息していないので、損傷が古いものだとしてもイノシシ猟に関わるものではないと思われる。石川県三引《みびき》遺跡（前期初頭）のイヌ頭骨《とうこつ》には歯牙の損傷はみられない。骨を調査した茂原信生らは、この遺跡の狩猟はシカ猟を主としておりイヌが歯牙に損傷を受ける危険が少なかったのだろうと述べている（茂原ほか二〇〇四）。

また、島根県佐太講武《さたこうぶ》貝塚（前期初頭〜前期前半）ではイノシシがシカより多く出土しているが、報告書に掲載されたイヌ頭骨の写真をみるかぎりでは歯に生前に受けた損傷はみられない。そして、佐賀県東名《ひがしみよう》貝塚（早期後半）からは複数のイヌ頭骨が出土し、シカとイノシシの骨も大量に出土している。筆者はこの貝塚のイヌ頭骨のうち上顎歯《じようがくし》の状態が保存されていた三点を調査する機会があった。二点の歯牙には損傷はなかったが、標本番号516の上顎右第一・第二小臼歯が生前に失われていた（小宮未発表）。筆者はイヌの頭部を切断する地域ではイヌをイノシシ猟に使っていないだろうと考えていたので、標本番号516の生前の歯牙の損傷は想定が外れた。イノシシ猟以外にもイヌが歯を損傷するような仲間どうしの激しい喧嘩などがあったのだろうか？　今のところ実態がわからない。

いずれにしてもこれまでにみた結果によると、イノシシ猟にイヌを使う狩猟法は、早期末〜前期初頭の西日本から始まって前期中葉までに関東、東北地方の太平洋側まで広がり、中期以降になって東北地方北部より北の地域をのぞく全国に広がったと考えてよいと思われる。そして、切断したイヌの頭部を祀《まつ》る文化が存続した前期前半までは、イヌを猟犬として使う集団と伝統的な罠猟を主体的におこなう集団が日本列島で同時に存在していた可能性が考えられる。

狩猟の広がり

以上のように、縄文時代早期中葉にイヌが初めて登場して以来、早期後半から前期にかけてイヌを飼育する集団は全国的な広がりをみせ、一集落あたりのイヌの飼育数も増加したという筋書きが、これまでに筆者が把握できた全国的な傾向である。ところが、そのような傾向に歩調をあわせていない地域がある。房総半島である。つぎにその様子を詳しくみてみよう。

房総の縄文犬と動物骨

貝塚の多い房総半島

千葉県の房総半島は、縄文時代の動物遺存体の保存に適した貝塚が多く分布することで全国的に知られている。文化庁の統計によると、全国の縄文貝塚の約二七%に相当する六四八ヶ所が千葉県に集中し、二位の茨城県の三二七ヶ所、三位の宮城県の二一八ヶ所を大きく離している（文化庁二〇一七）。また、千葉県の貝塚は数が多いということだけではなく、早期から晩期に至る縄文時代各時期の貝塚が存在することが大きな特徴である。

このような特徴は、縄文海進以降、房総半島の三方を囲む現在の利根川下流域、東京湾、九十九里浜に貝類の生息に適した広い干潟《ひがた》が発達したという地理的、歴史的な条件のもとに形成されたと考えられる。そして、このような千葉県は、縄文人が獲得した動物資源の利用状況を地域別、縄文時代の時期別に調査するのに適している。そこで筆者は千葉県文化財センター職員の協力を得て、県内の縄文貝塚と洞窟遺跡のうち発掘報告書が刊行された遺跡について、主要な動物遺存体の出土状況を動物の種別と時期別に分けて調べてみた。すると早期から後期にかけては、貝塚数の増加とともにシカやイノシシ、タヌキなどの野生哺乳類を出土する遺跡数も比例して増加する。しかし、イヌは早期遺跡からの出土例がなく、前期でも調査対象となった二二遺跡のうちイヌの出土報告のある遺跡は一遺跡だけにとどまった。房総でイヌの出土遺跡の数が多くなるのは中期以降である。また、県内では早期、前期の埋葬犬骨がまだ確認されていない（小宮一九八五）。

その後の開発に伴う発掘事業の増加によってデータに多少の変化はあるが、右に述べた基本的なところは現在も変わっていない。遺跡から出土する犬骨の頻度が当時飼われていたイヌの頭数をある程度反映するとすれば、早前期の房総の集落で飼われたイヌが房総以外の地域に比べて少ない理由をどのように説明すべきなのだろうか？　文献記録のない時代の考古学は説明の手段が限定的であるが、筆者が注目したのは推定される当時の猟法である。

イヌと落とし穴

一九七〇年代に神奈川県霧ヶ丘《きりがおか》遺跡から発掘された陥穴《おとしあな》状土壙《どこう》（今村一九七三）の性格については当初論争があった。しかしその後、類似した遺構が北日本や東日本を中心に全国で発掘されると、立地条件や形状の比較などをへて、現在では縄文時代の陥穴の遺構という考えが定着している。陥穴状土壙の多くは平坦な台地上や丘陵の傾斜地、尾根、谷を登り切った谷頭《やと》などに単独もしくは規則的に配列された状態で発見される。その平面形は円形・楕円形・四角形など、地域や時期などによるバリエーションが豊富で、長径と深さは一メートルから一・五メートル前後のものが多い。民族例などにみる「けもの道」や追い込み猟用に仕掛けた落とし穴（考古学用語の「陥穴」と区別している）と立地や形状、配置などがよく合致している。

陥穴状土壙の中から土器片などの遺物が出土することは非常にまれで、土壙がつくられた年代は降灰年代が明らかな火山灰層や土器片の散布層、住居跡などの遺構との新旧関係がわかる場合だけ推定可能になる。それによると、最近では旧石器時代までさかのぼる陥穴状土壙がしばしば確認されているが、縄文時代のものは東日本では早期中葉の田戸下層《たどかそう》式期以降につくられ、早期後半の条痕文《じょうこんもん》期に最盛期を迎えたあと、前期以降、急速に衰退したと考えられている（佐藤一九八九、安藤一九九二）。

これらの陥穴状土壙が事実、旧石器時代や縄文時代の陥穴猟の遺構だとすれば、その盛衰は陥穴猟の盛衰を反映していると考えられる。しかし、従来の研究では陥穴猟が始まった頃の事情は説明できても、衰退した理由をうまく説明できていないことが多い。

房総の陥穴状土壙は、縄文時代草創期から早期を中心に前期前半まで多く発見されている。いっぽう、房総最古の犬骨は早期後半の貝殻条痕文《かいがらじょうこんもん》系土器を伴う城ノ台南《しろのだいみなみ》貝塚の左右一対の下顎骨で、左第二小臼歯が生前に脱落している（茂原一九九四）。

すでに述べたように、早前期の房総の遺跡からはイヌの骨がほとんど報告されていない。しかし、この時期の房総の貝塚からはイノシシやシカが多く出土するので、房総ではこの頃は罠猟を主体にイノシシやシカを狩っており、イヌを使って猟をする集団がいたとしてもごく小数派だったと考えられる。房総の縄文遺跡からイヌの骨が多く出土するようになるのは陥穴状土壙が衰退したあとの中期前半以降で、埋葬犬は市原市草刈《くさかり》貝塚の竪穴住居跡（中期前半）で確認された埋葬犬（小野ほか一九八六）が最古である。

現代の奄美のイノシシ猟はイヌを使う銃猟と罠猟があるが、罠にかかって死ぬ猟犬が多く銃猟者と罠猟者間の争いが絶えないという（林一九七六）。多くのイヌは罠にかかるとすわりこんで吠えないため、離れてあとを追ってきた猟師はイヌをみつけられないという

（白井一九九二）。縄文時代でもその辺の事情は共通していたと思われ、当時も両者の共存は困難だったと推定される。

房総では伝統的な罠猟がほかの地域よりも長くつづいたが、前期前半を過ぎて衰退に向かうと考えられる。先に述べたように、房総で犬骨が多く出土するのは中期前半以降である。考古学的な証拠だけにもとづくと、衰退した罠猟に入れ替わるようにイヌを使う猟が始まったようにみえるが、おそらくは前期前半を過ぎた頃からイヌを使う猟が房総に入っており、しばらくの共存競合期間をへて房総でもイヌを使う猟が主体的になったと考えられる。

高齢個体が多い鴇崎貝塚のイノシシ

房総でイヌを使う猟が遅れてスタートした理由を考えてみたい。一三六・一三七ページの表2は千葉県佐原市鴇崎《ときざき》貝塚（早期前半）と市原市武士《たけし》遺跡（後期前半）から発掘採集したイノシシとシカ遺存体の内訳である。発掘面積は武士遺跡が圧倒的に広く、発掘採集できた遺存体数も武士遺跡が多い。

遺存体の内訳では武士遺跡でイノシシの割合が高く、鴇崎貝塚ではシカの割合がわずかに高くなった。この傾向は西村・金子（一九六〇）による鴇崎貝塚の発掘報告でも同様である。武士遺跡のイノシシとシカの骨にはイヌ科の咬み痕が高頻度でみとめられたが、筆者が同定した鴇崎貝塚の骨ではまったく確認できなかった。鴇崎貝塚ではおそらくイヌが飼われていなかったためだろう。

また、鴇崎貝塚のイノシシ肢骨の半分以上はサイズが体重約八〇〜九〇キロの現生種標本と同程度か、それよりも大きい。肢骨のサイズは年齢と相対成長の関係にあると思われるので、鴇崎貝塚イノシシの年齢構成は高齢個体の割合が高いと推定される。

イノシシは狩猟の影響を受けていない個体群でも若齢での死亡率が著しく高く、ヨーロッパでは幼獣の八四％が生後二年以内に死亡する（三浦一九九一）。生態系では相対的に少ない高齢個体を、鴇崎貝塚の縄文人は相対的に高い割合で仕留めていたと推定される（小宮未発表）。後述する武士遺跡とは齢査定の基準が異なるので簡単には比較できないが、武士遺跡では高齢のイノシシの割合が小さく、両遺跡の縄文人が捕獲したイノシシの齢構成は大きく異なっていたと考えられる。これには多くの要因が関与していると思われるが、当時の鴇崎貝塚周辺に生息するイノシシの絶対量が非常に多かったため高齢になっても生き残る個体数が多く、それらが多く捕らえられた可能性が考えられる。

当時の鴇崎貝塚の縄文人の狩りの主体が罠猟だったとすると、鴇崎貝塚周辺では罠の設置にあまりエネルギーを投入しなくても注意力の鋭った高齢の個体がよくかかったのかもしれない。房総の下総《しもうさ》台地は現在の利根川下流域と東京湾の間で回廊《かいろう》のように狭まり、関東平野からは標高の低い広い台地が島のように独立している。この地形が台地をつたって本州から出入りする動物や人の移動を制約し、落葉広葉樹を主体とする混合林（内山一九九八）の森林に住む野生動物の安定した隔絶状態がつづいていた可能性がある。見知らぬイヌを使う新しい狩猟法を習得しなくても、旧来どおりの狩猟法で必要な量の肉が得られていれば、あえてリスクに挑むことはしないのが人間である。しかし、やがて人口が増加したり、また、ほかの地方から渡ってきた人たちが新しく移り住んだりすれば、しだいに競争相手もふえ、いままでどおりのやり方で得られる肉の量は減少する。房総の猟法の転換点は前期後半から中期前半の時期だったのかもしれない。

縄文時代の吠え留め猟

縄文犬の用途の一つとして猟犬の可能性が高いと想定されるが、イヌを使った縄文の吠え留め猟の実態はどうだったのだろうか？　千葉県市原市の武士遺跡出土のイノシシ遺存体から

シカ		
同定数 (A)	イヌ科咬み痕のある骨の数 (B)	割合 (B/A)
192	0	0
191	12	6%

年代は10,264～10,036calBP である（中村・安

表２　鴇崎貝塚と武士遺跡出土のイノシシとシカ遺存体の内訳（小宮原表

遺跡名	時期	文　献	イノシシ		
			同定数 (A)	イヌ科咬み痕のある骨の数 (B)	割合 (B/A)
鴇崎貝塚	早期前半	千文セ編1996	120	0	
武士遺跡	後期前半	小宮1998b	492	56	11%

（注）千文セは千葉県文化財センターの略称.
鴇崎貝塚貝層のコラムサンプル9T-⑨から抽出したハマグリのC[14]年代は約9,500年前
井1999).

わかるその実態をみてみよう。

武士遺跡は東京湾に注ぐ養老《ようろう》川中流域の右岸標高約八〇メートルの台地上にあって、当時の東京湾の海岸線からは直線距離で約七〜八キロ離れている。東京湾沿岸の縄文貝塚の大部分は当時の海岸線から四〜五キロの距離につくられている。この遺跡は当時の東京湾まで約二倍の距離にあるが、縄文時代後期前半（約三七〇〇年前）の竪穴住居跡内にハマグリ、イボキサゴなどの干潟の貝殻が大量に捨てられ、点列状の貝塚をつくっている。貝層からはイノシシやシカなど大量の陸上動物の骨と少量の犬骨が出土した。埋葬犬骨は確認できなかったが、イノシシ遺存体を詳しく調べていくと肢骨には高い頻度でイヌによると思われる噛み痕が確認できた（表2）。イノシシの前頭骨の中には強烈な打撃痕のあるものが含まれている（図23）。この遺跡からはイノシシを遠くから射撃できる狩猟具は出土してい

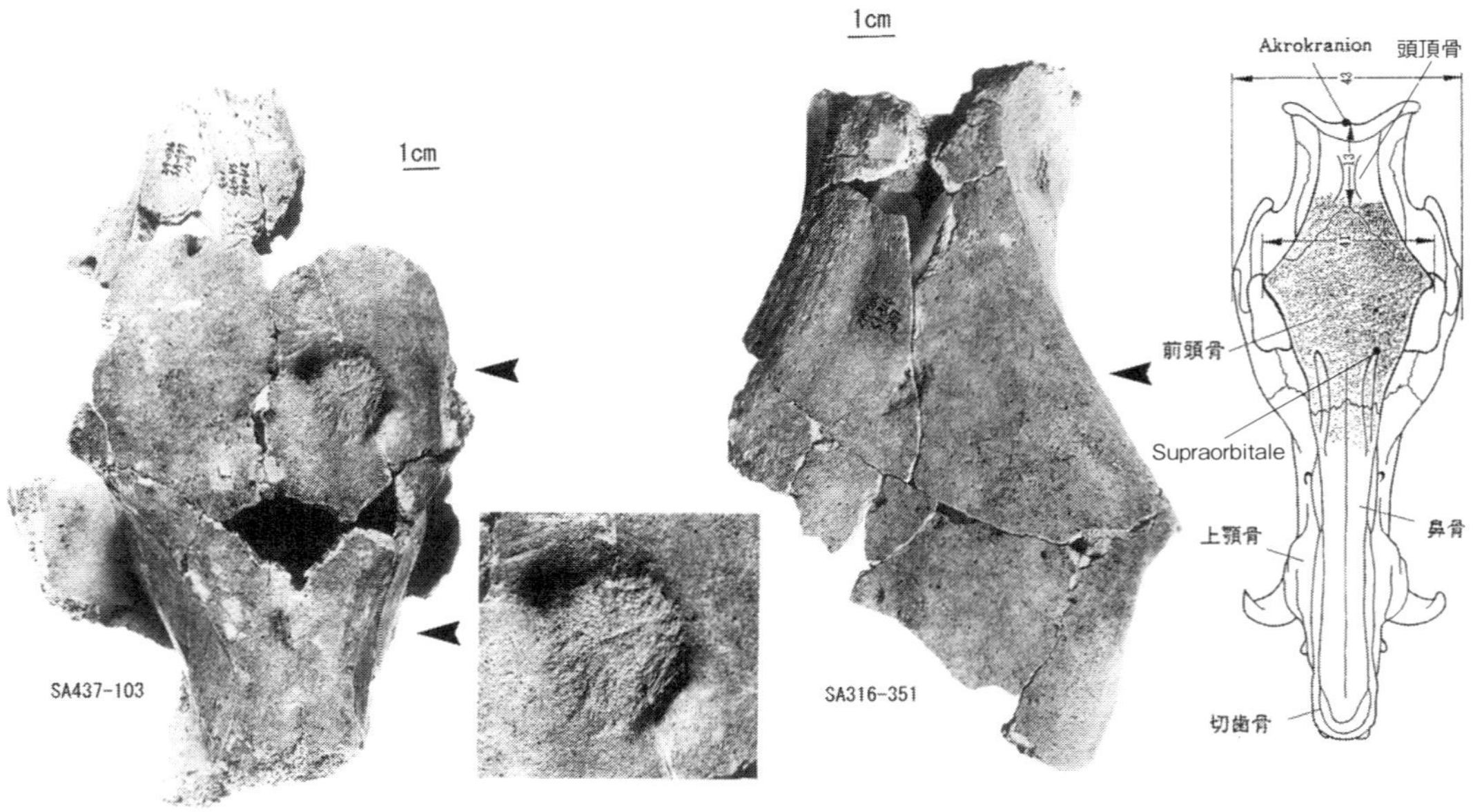

図23　千葉県武士遺跡出土イノシシ前頭骨の打撃痕（◀）（小宮原図）

SA316-351標本には長さ２センチほどの陥没痕，左のSA437-103標本は前方と後方２ヶ所に陥没痕があって，とくに後方の傷は約2.5×1.8センチと大きく，治癒して増殖した骨組織が傷口を被っている．右のイノシシ頭蓋背面図の黒く塗った部分が出土標本の部分に相当する．

ないので、すでに述べたように、この遺跡のイノシシ猟はイヌの群れが止めたイノシシを縄文人が至近距離まで近づいて手にした道具で直接仕留める接近戦だったと推定される。

イノシシの年齢と猟期

性別が判定できた頭骨のオス・メス比はほぼ一対一で、出土したイノシシのほとんどが野生のイノシシと考えてよいと思われる。新美（一九九一）の歯牙《しが》萌出《ほうしゅつ》咬耗《こうもう》程度から推定した出土イノシシ四五体の死亡季節は、猟期間中（一一月中旬〜翌年二月中旬頃）に捕殺した現生のニホンイノシシ群の死亡季節と一致する。このことから、武士遺跡のイノシシ猟の猟期は、現代と同様にイノシシ肉が一年で最も美味な一一月中旬から始まる約四ヶ月間に毎年集中しておこなわれたと推定できる。

また、歯牙萌出咬耗程度から推定した遺跡イノシシの死亡年齢は、〇・五歳に一歳ずつ加えた一・五歳から四・五歳までと五・五歳以上に識別される。年齢別で最も頻度が高いのは一・五歳獣（全体の約三〇％）で、三・五歳獣（約二〇％）がそれにつぐ。五月に出産のピークをむかえるニホンイノシシは〇・五歳獣がこの季節に最も生存数が多いが、その割合は約七％にとどまり、五・五歳以上は約一〇％だった。五・五歳以上が少ないのは自然界のイノシシは若齢での死亡率が著しく高く、五歳以上の個体は極端に少ないので（三浦一九九一）、当時も五・五歳以上の捕獲数が相対的に少なかったと考えられる。

捕獲率が最も高かった一・五歳獣は母親から独立した直後で警戒心が薄く、現在でも猟師の恰好の標的になる。肉は二歳程度の肥えたものが最上だが、二歳獣は敏捷《びんしょう》でしばしば猟犬の追撃を振り切るので、体重が増して動きの鈍い三歳以上のものより捕獲しにくい（白井一九九二）。この遺跡でも二・五歳獣の割合は三・五歳獣より低い傾向にある。したがって、武士遺跡の縄文犬を用いたイノシシ猟は相対的には現在の銃猟者によるイノシシ猟とほぼ同様の成果をあげていたと考えられる（小宮一九九八b、小宮ほか二〇〇三）。

猟期のある、なし

イヌを使うイノシシ猟の最大の強みは、猟期を自分たちの都合のよい季節にあわせることで年間の仕事を計画的に配分できる点にある。

東京湾沿岸域に住んだ縄文人は、干潟で周年にわたって潮干狩りで貝やエビ、カニなどを採り、春から秋は沿岸でアジ・イワシ類、スズキやクロダイなどを漁獲し、春は山菜や海草、秋にはドングリやクリ、クルミなどの木の実やキノコなどを採集して食料を確保していたと考えられている。冬は森の下草が枯れ、落葉広葉樹林《らくようこうようじゅりん》では木の葉が全部落ちて明るく見通しがよくなり、毒ヘビやスズメバチなどもいないので森の中は活動しやすく、冬をひかえてイノシシ肉に脂がのって一年で最もうまい季節でもある。

武士遺跡と比較可能なデータがほとんどないので、この遺跡のデータが縄文時代の一般的な傾向を代表しているか明らかでない。しかしながら、氷期が終わり四季の変化が明瞭になった当時の日本の生態系の中では、生業活動を縄文カレンダー（小林一九七五）に沿って、各季節に計画的に配分するが合理的である。イノシシ猟については先行する陥穴猟や罠猟から冬季集中の吠え留め猟に移行するのが時代の要求だったのかもしれない。

しかし、猟期のある吠え留め猟では縄文人が新鮮なイノシシ肉を食べられるのは冬の三〜四ヶ月間だけで、干し肉や塩蔵肉があったとしても残りの八ヶ月あまりは禁欲的に過ごさなければならない。この食料問題を解決しなければ、陥穴猟や罠猟に再逆転の余地はあったはずである。

房総では、中期後半（^{14}C年代で約四五〇〇年前）以降の複数の貝塚から、顎が短縮した飼育された可能性がある幼猪《ようちょ》が多く出土する。日本のイノシシの出産期は五月がピークで一回に三〜八頭の子を生み、一頭のオスは複数のメスと交尾できる。オスは野生のイノシシでも問題ないと思われる。ドングリや森の植物、昆虫などを食べる雑食性のイノシシは肉がうまく、飼育の困難な動物ではなかったと思われる。縄文時代のイノシシの飼育はつぎの猟期までの新鮮なイノシシ肉の需要に対応している可能性がある。

縄文遺跡から幼猪や顎の短縮したイノシシの骨を多く出土する地域は、いまのところ全国的にみても房総しかない。しかし、イノシシの飼育がそのような肉の需要を意識した計画的なものだとすれば、吠え留め猟の後進地である房総がその起源地だとは思えない。房総以外の地域あるいは国外で完成したシステムが移入されたと考えるのが自然と思われる。壊れやすい幼猪の骨は普通の発掘では見落とされる。房総の貝塚の発掘では貝層から系統的に採取したコラム（柱状）サンプルを分析用のフルイで水洗する機会が多いので、たまたま貝塚の多い房総の遺跡からの幼猪骨の発見につながっていると思われる。

獣骨の出土点数と狩猟頭数

貝塚から出土するイノシシ遺存体は、縄文人が仕留めたイノシシに由来すると考えられるが、発掘された遺存体の数量はその遺跡の縄文人が年間あたりに仕留めた獲物の数量をどのくらい反映しているのだろうか？

表3に示す木戸作《きどさく》遺跡と小金沢《こかんざ》貝塚は千葉県千葉市緑区にある台地上の遺跡で互いに隣接している。木戸作遺跡は直径が約一三〇メートル、小金沢貝塚は直径が約一二〇メートルのほぼ楕円形の遺跡で、両遺跡とも宅地開発に先立って全域が短期間で発掘されている。貝層からはいずれも堀之内1式土器が出土し、貝層がつくられた時期は縄文時代後期前半の短期間と考えられている。表3の竪穴

，イノシシ遺存体点数（小宮原表）

イノシシ遺存体総数	シカ遺存体総数	文献
82	239	(1)
152	93	(2)

表3　千葉県内の縄文貝塚（後期前半）出土の

遺跡名	貝層の堆積時期	遺跡発掘面積（㎡）	確認できた竪穴住居跡軒数
木戸作遺跡	後期前半	7,000	10
小金沢貝塚	後期前半	30,000	17

（出典）（1）諏訪ほか1979,（2）小野・野苅家1982,

住居跡は貝層と同じ堀之内1式期のものだけを示した。両遺跡とも六軒の住居に重複がみとめられている。また、両遺跡の上には古墳時代の遺跡が重なっており、古墳時代の大型竪穴住居や古墳が壊した縄文の住居跡も少なからずあると見込まれる。したがって、表示した竪穴住居跡の軒数は貝層がつくられた期間に同時に存在した住居軒数を示すものではないが、固く掘り返しにくい貝層は古墳時代の開発による破壊をまぬがれていると思われる。また、動物骨の点数の表現法には、第一脊椎骨などのように一個体に一つしかない骨を使う「最小個体数表示」と、同定したすべての骨を使う「総数表示」の二つの方式がある。貝層のない場所に捨てられた骨は消滅してしまう運命にあることも考慮して、表3の動物骨は両遺跡とも総数表示で表現した。

問題は、骨を保存していた貝層がつくられた期間の具体的な長さである。貝層から出土した土器が一形式にとどまったことから、複数の土器形式が出土する一般的な縄文貝塚の貝層よりも存続期間は相対的に短いと予想される。しかし、木戸作遺跡に捨てられている貝層の体積は約四五〇立方メートル（千葉県文化財センター一九七九）という膨大な量に及ぶことから、検出された竪穴住居跡の軒数から予想される集落人口では、五年や一〇年という短期間でつくられたものとは思えない。

具体的な根拠はないが、世代にして二〜三世代、約四〇〜六〇年間つづいたと仮定して、イノシシの骨の総数をこの期間で単純に割ると、年間のイノシシ捕獲頭数は木戸作が二〜一・四頭、小金沢で三・八〜二・五頭になる。また、一世代の年数を一五年間に下げて同じように単純な割算で年間のイノシシ捕獲頭数を求めると、木戸作が二・七〜一・八頭、小金沢が五・一〜三・四頭になる。発掘で出土する動物骨の見た目の多さから縄文人を腕のいい狩猟民と評価しがちだが、机上でみるかぎり彼らが狩ったイノシシやシカの頭数はじつに少なく、一猟期四ヶ月もの冬を集落の構成員が食べていくには少なすぎる量である。

狩りの成功率という点でも問題がある。縄文犬が猟場でのイノシシとの命がけの格闘をして習得した技術の練度を保持、更新していくためには、かぎられた猟期の間にある程度以上の狩猟日数と狩りの成功が必要と思われる。それらを考慮すると、貝塚に残るイノシシ遺存体の数量は、想定される当時の吠え留め猟の実態を反映していない可能性がある。

縄文犬は何を食べていたか？

縄文犬が想定されるようにイノシシ肉を狩りでよく稼いでいたとすれば、稼ぎ手であるイヌには良質なタンパク質の食事や褒美《ほうび》が欠かせない。遺跡出土の骨に残された噛み跡などをみると、イヌのモチベーションを上げるためにも、イノシシの肉や肉の付いた骨や内臓などを積極的に与えて獲物の味を覚えさせていた可能性を考えさせる。猟期が三〜四ヶ月間に限定されていたとはいえ、縄文人がよく面倒をみていたらの話だが、年間のエサやりなどでイヌには結構な出費になったと推定される。

縄文人はイヌにどのような食事を与えていたのだろうか？　私たちの身体をつくるタンパク質の主成分である炭素や窒素は、私たちが食べた食物に由来する。遺跡出土の縄文人骨やイヌの骨に残るコラーゲンの炭素・窒素安定同位体比《あんていどういたいひ》を調べることで、骨の主の生前の食情報を読み取ることができる。すでに全国各地の縄文遺跡から出土した人骨の安定同位体比が多く測定されており、本州以南の沿岸で貝塚をつくった縄文人の主要なタンパク源は海産魚と陸上動物、森の木の実、根菜類などの植物質食料だと考えられ、とくに海産魚と植物質食料を主なタンパク源にしていたと解析されている（赤澤ほか一九九三、米田一九九六・一九九八）。

全国の縄文人骨の同位体比に関するデータは比較的揃っていても、縄文犬の骨を測定して彼らが何を食べていたかを分析したデータは少ない。本書で取り上げた有吉南《ありよしみなみ》貝塚一号犬骨と二号犬骨の炭素・窒素安定同位体比の分析を依頼したところ、一号・二号犬骨の測定値は互いに近似しており有吉南貝塚人骨とも近い値を示した。安定同位体比を分析した米田穣は、二頭の埋葬犬がこの遺跡の縄文人と同じように海産魚と植物質食料を主なタンパク源にしていたことは明らかである。イヌは人と同じ食べ物を与えられていたか、人の残飯を食べていたかのどちらかだと考えられると述べている（米田二〇〇八）。

縄文人がイヌに積極的にエサやりをしていたのか、それともイヌが集落内をうろついて残飯をあさって食べていたかのだろうか？　同じ頃、白井大宮台《しらいおおみやだい》貝塚の埋葬犬骨の安定同位体比の測定と分析を依頼したが、このイヌも有吉南貝塚一号・二号犬骨に近い値を示しており、分析者は白井大宮台貝塚埋葬犬も海産魚と植物質食料を主に食べていたと考えている（米田未発表）。筆者は中期以降の縄文人やイヌはある程度の動物肉を食べていると期待したが、これらの分析結果をみると、炭素・窒素安定同位体比では肉食率は評価できないようである。

炭素・窒素安定同位体比を測定した骨のコラーゲンは有機質だが、骨の無機質部を構成するハイドロキシアパタイトの結晶に含まれる微量元素のストロンチウムやバリウムが、古代人の肉食率の推定に役立つ可能性が指摘されている。草食動物は大量の植物を通してストロンチウムやバリウムを比較的多く摂取しているが、動物の肉を食べる肉食獣はこれらの微量元素の摂取量が少ない。事実、遺跡出土の草食性のシカと雑食性のイノシシでは骨のストロンチウムとバリウム比に差があることがわかっている（米田一九九六）。

脊椎動物の骨はカルシウムの貯蔵庫の役割もはたしているので、骨のハイドロキシアパタイトの結晶はカルシウムが出入りしやすい構造になっている。そのため長く土壌中にあった骨のハイドロキシアパタイトの結晶は外部の元素を容易に取り込んでいる（続成《ぞくせい》作用）。したがって、出土した人やイヌの骨から肉食率を解析するためには続成作用の影響が少なく、解析する出土骨に生前の微量元素の含有率が残存していることをまず明らかにする必要があるなど、この分析の手続きに多くの経費と時間がかかる。現在までのところ、縄文人がどの程度イノシシやシカの肉を食べていたかという肉食率が読み取れた出土骨は限定的である（米田一九九六・一九九八）。

埋葬幼猪は何を食べていたか？

炭素・窒素安定同位体比の分析結果では、もう一つ興味深いことがある。有吉南貝塚と白井大宮台貝塚の埋葬幼猪（図12・17）の安定同位体比の測定を依頼したところ、いずれも野生のシカやイノシシと同じ値を示した。つまり縄文人やイヌと違い、海産魚を食べていないということである。分析をおこなった米田穣は、埋葬された幼猪やその母親がイヌと同じような食餌を長期間与えられていれば、その影響が同位体比に現れるはずだという（米田二〇〇八）。

縄文人や埋葬犬の主要なタンパク源になったと考えられる海産魚の内容は、どのようなものなのだろうか？　関東地方の沿岸で貝塚をつくった縄文人は、春から秋に沿岸に来遊する体長一〇〜一五センチ前後のアジ・イワシなどの小魚の群れを抄網《すくいあみ》類でまとめて漁獲し、冬は大型のイシガレイなどを漁獲している。市原市武士遺跡は海から遠く離れているが、遺跡からはフナやウナギなどの集落近くで獲れる淡水魚よりもアジ・イワシ類やハマグリなどの海産魚貝類が多く出土する。東京湾沿岸の貝塚の縄文人たちは年間を通じて海産物を漁獲し、交易品として内陸の集落に運んでいたと考えられる（小宮二〇〇五）。

有吉南貝塚と白井大宮台貝塚は当時の海岸から数キロの距離にあり、海産物を生産する集落だったと考えられる。これらの集落で飼育されていた可能性のある埋葬された幼猪や母イノシシが海産物を与えられていないのは、海産物が高価な交易品だからで、筆者は縄文人が同じ家畜でも直接の稼ぎ手であるイヌとは食餌を区別していた可能性を考えている。もし、縄文人が家畜に与える食餌を区別していたとすれば、少なくともイノシシは集落内に放たれ好きに歩き回っていなかったことになる。

米田穣によると、有吉南貝塚に隣接する同時期の有吉北貝塚出土の埋葬犬骨と散乱犬骨も有吉南貝塚の埋葬犬と類似した同位体比を示したが、ほとんど海産物の影響がないイヌが一個体みとめられたという（米田二〇〇八）。この北貝塚のイヌは埋葬犬ではなく散乱犬骨で、同じ集落内にいたイヌでも食べ物に個体差があった可能性が考えられる。埋葬されたイヌと幼猪が何を食べていたかについては、今後さらにデータをふやして検討する必要があると思われる。

縄文時代のシカ猟

縄文人がイノシシと並んで主要な狩猟対象にしていた陸上動物にシカがある。シカは北海道から九州に分布し、その骨は各地の縄文遺跡から高い頻度で出土する。

大泰司紀之によると、福井県鳥浜《とりはま》貝塚（縄文時代前期前半：約六〇〇〇〜五五〇〇年前）から出土したシカの死亡季節を下顎第一大臼歯《だいきゅうし》もしくは第二大臼歯のセメント質に刻まれた年齢形質から推定すると一〇月から三月までの確率が最も高く、七月、八月の夏死亡の個体もみられるという（大泰司一九八〇）。この調査結果をただちに縄文時代全般のシカの猟期に当てはめてよいかどうか明らかでないが、縄文時代のシカの猟期はイヌを使ったイノシシの猟期と一部重複しており、なおかつより長期に及んでいた可能性が考えられる。

白井邦彦によれば、シカの肉は夏がうまく、かつては夏も猟がおこなわれていたという（白井一九七九）。シカの猟は巻狩り、採食場での待ち撃ちなどがあり、イヌを使う場合は長追いできるイヌが選ばれる（白井一九七九）。シカはイノシシほど攻撃的でないので、縄文時代でもイヌが渡来する以前から巻狩りや罠、落とし穴、弓矢を使った待ち射《う》ちなどがおこなわれていた可能性が推定される。

イノシシ猟期以外の縄文犬

冬を中心とする季節には、縄文犬は主にイノシシ猟やシカ猟に駆り出されていたと考えられるが、冬の猟期以外の季節にはイヌは何をしていたのだろうか？

全国の縄文貝塚からイノシシとシカの遺存体が多く発掘されるので、縄文人の狩猟の主力はイノシシ猟とシカ猟と考えられがちである。しかし、縄文貝塚の広い範囲に堆積する貝層の任意な地点から貝層堆積物を垂直方向に抜き取ったコラムサンプルを複数の地点から採取して水洗分離すると、発掘中には発見できない小形の動物遺存体が多く採集できる（小宮二〇一五）。千葉県内の貝塚の例では、発掘中に採集できた哺乳動物遺存体に占めるイノシシとシカの点数は約八〇～九〇％近くに達する。しかし、コラムサンプルを水洗分離した標本ではイノシシとシカの骨の合計は全体の四〇～六〇％にとどまり、ネズミ・リス・ノウサギ・タヌキ・テン・アナグマ・鳥類などの小形鳥獣骨の割合が大きく伸びることがわかっている（小宮一九九八bなど）。

発掘中に見落とされているこれらの小動物や鳥類の猟期はほとんど不明である。イノシシやシカを仕留めるときに使う狩猟具や猟師のチーム編成と小形鳥獣を仕留めるときに使う狩猟具やチーム編成が同じだったとは考えにくいので、縄文人がイノシシ猟やシカ猟のついでに小形鳥獣を仕留めていた可能性は低い。イノシシ猟、シカ猟以外の日や冬の猟期以外の季節にイヌが駆り出され、とくに縄文人が弓矢などで仕留めた樹上のリスやサル、鳥類、水上の水鳥などの回収に貢献した可能性は十分考えられる。縄文人とイヌの狩り場での共同作業は年間を通じてつづいたものと思われる。

祭祀性のある縄文の埋葬犬

中国新石器時代の家畜の埋葬

縄文遺跡からは、丁寧《ていねい》に埋葬されたイヌの骨が出土するので、縄文人はイヌを死ぬまで家族同様にかわいがり、食用や犠牲《いけにえ》などにはしなかったという考えが定着している。しかし、本書で取り上げた縄文時代の埋葬犬骨の中には、このような考え方では説明しにくいものや、中国新石器時代の犬骨の出土状況を連想させるものがある。

中国では農耕の始まりとともに、九〇〇〇年前にはブタの家畜化が進められ、先史・古代遺址からは祭祀に伴う人や家畜の供犠《くぎ》、殉葬《じゅんそう》が報告されている。岡村秀典によると、黄河・長江流域の紀元前三千年紀と紀元前二千年紀の遺址出土の動物構成は、シカなどの野生動物が過半数を占める野獣優位型と家畜が過半数を占める家畜優位型がある（岡村二〇〇五）。

家畜優位型はブタ、ヒツジ、ウシ優位型に分かれるが、両年紀を通じて最も多いのはブタ優位型で、黄河中流域では紀元前六千年紀に、長江下流域では紀元前五千年紀に出現する。畜産が盛行したこれらの地域では、多産で余剰となったブタを供犠として神に供え埋葬する祭祀が広まった。埋葬に貯蔵穴を転用した形態は黄河中流域で多く、専用坑に埋める形態は長江流域に多いという。

賈湖遺址の埋葬犬

中国大陸で最古のイヌは河北省南庄頭《ナンジュアントウ》遺址から出土した約一万年前の下顎骨《かがくこつ》で、約九〇〇〇年前の河南省賈湖《ジアフ》遺址のブタより古いと考えられている（袁・李二〇一〇、袁二〇一五）。いっぽう、中国最古の埋葬犬骨は、賈湖遺址（裴李崗《ペイリガン》文化：紀元前七〇〇〇～五〇〇〇年）から多数発見されている。すなわち、墓地土坑《どこう》から六体、居住区から四体、そして円形灰坑H139からの一体である（河南省文物考古研究所編一九九九）。このほかに埋葬犬ではないが、墓壙M341に埋葬された壮年男性の足もとからイヌの肢骨が出土している（図24）。中国の遺址の年代は日本と年代推定の基準が異なるので単純な比較はできないが、これらのイヌは縄文犬より約二〇〇〇～一〇〇〇年古いと思われる。

イヌの起源には一元説と多元説があり、中国を有力な起源地の一つと考える研究者もいる。そのいずれをとるにしても、現在までに発見された中国の古代犬は、西アジアやヨーロッパの始原的なイヌと比べると年代が新しく、将来さらに古いイヌの骨が中国で発見される可能性は高いと思われる。

賈湖遺址の墓地土坑と居住区の埋葬犬骨は、長さ約六〇〜七〇センチ、深さ約二〇〜三〇センチの土坑に四肢と背を屈曲した横位姿勢で一つの土坑に一体ずつ埋葬されている（図24左）。いっぽう、灰坑《かいこう》は黄土に深く掘った貯蔵穴で、利用しなくなったものをゴミ穴のように使う場合があったと考えられており、覆土からはアワなどの穀類の堆積層が発見されることがある（飯島一九九一）。円形灰坑H139は賈湖遺址二期の灰坑で約一・八メートル×一・三メートル、深さ約〇・六メートルと規模が大きく、イヌはその床上の隅に横位で背筋を伸ばし、前肢を折り曲げ後肢を前に伸展した姿勢で置かれている（図25）。また、墓壙《ぼこう》M341は壮年男性の両脇に二つの骨笛と骨針、足もとに骨鏃、牙削、亀甲《きっこう》とイヌの肢骨を副葬している（図24右）。墓地と居住区の土坑はイヌを埋葬するためだけに掘られたと考えられるが、灰坑H139はイヌとのサイズに大きな開きがあるので、埋葬坑を掘る手

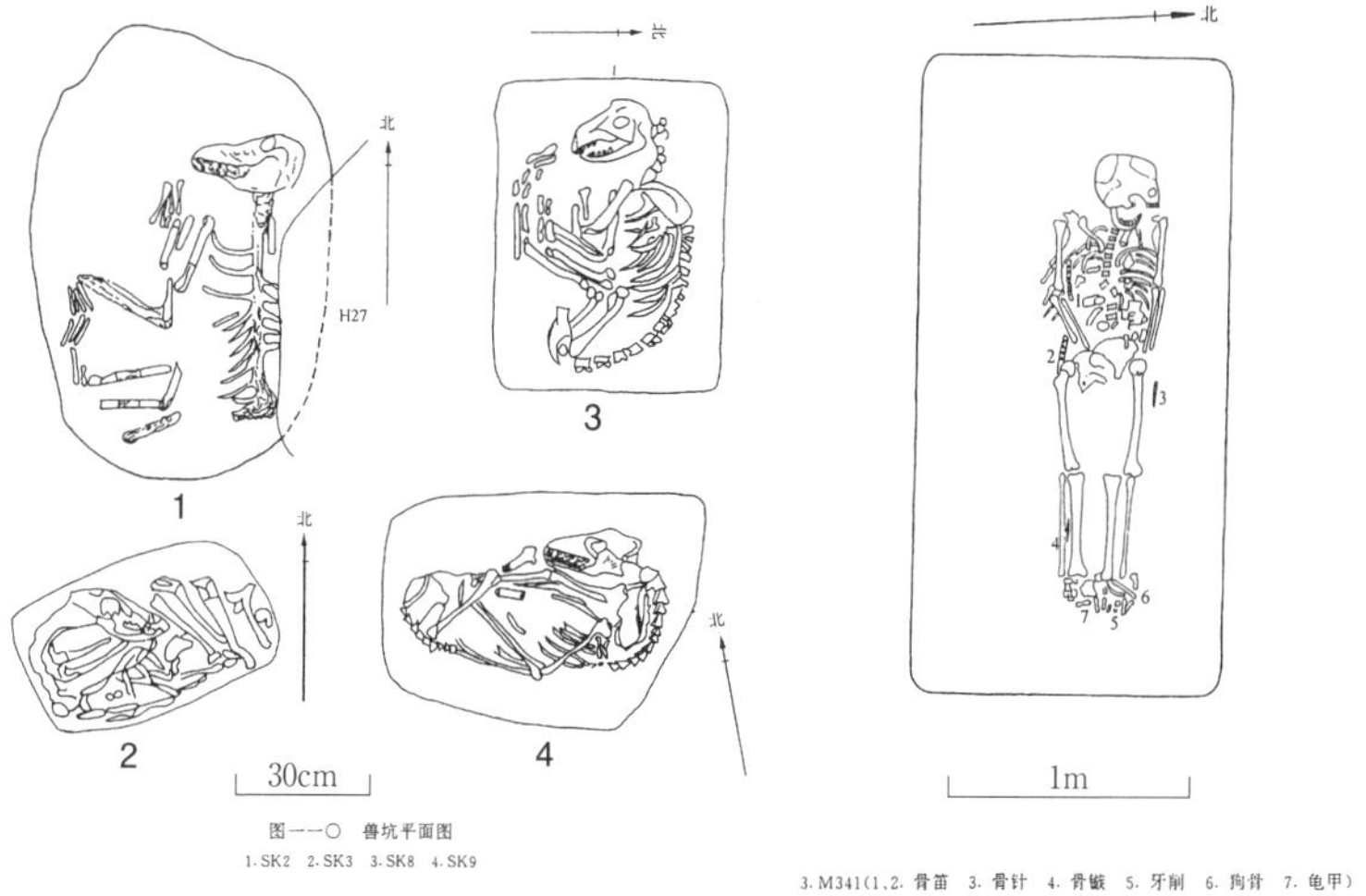

図24　河南省賈湖遺址のイヌと人の出土状態平面（河南省文物考古研究所編1999を改編，加筆）

図左１：居住区埋葬犬骨（SK2），２：居住区埋葬犬骨（SK3），４：居住区埋葬犬骨（SK9），３：墓地土坑埋葬犬骨（SK8）

図右：M341墓壙の人骨と副葬品　1・2：骨笛，３：骨針，４：骨鏃・牙削，６：イヌ肢骨，７：亀甲

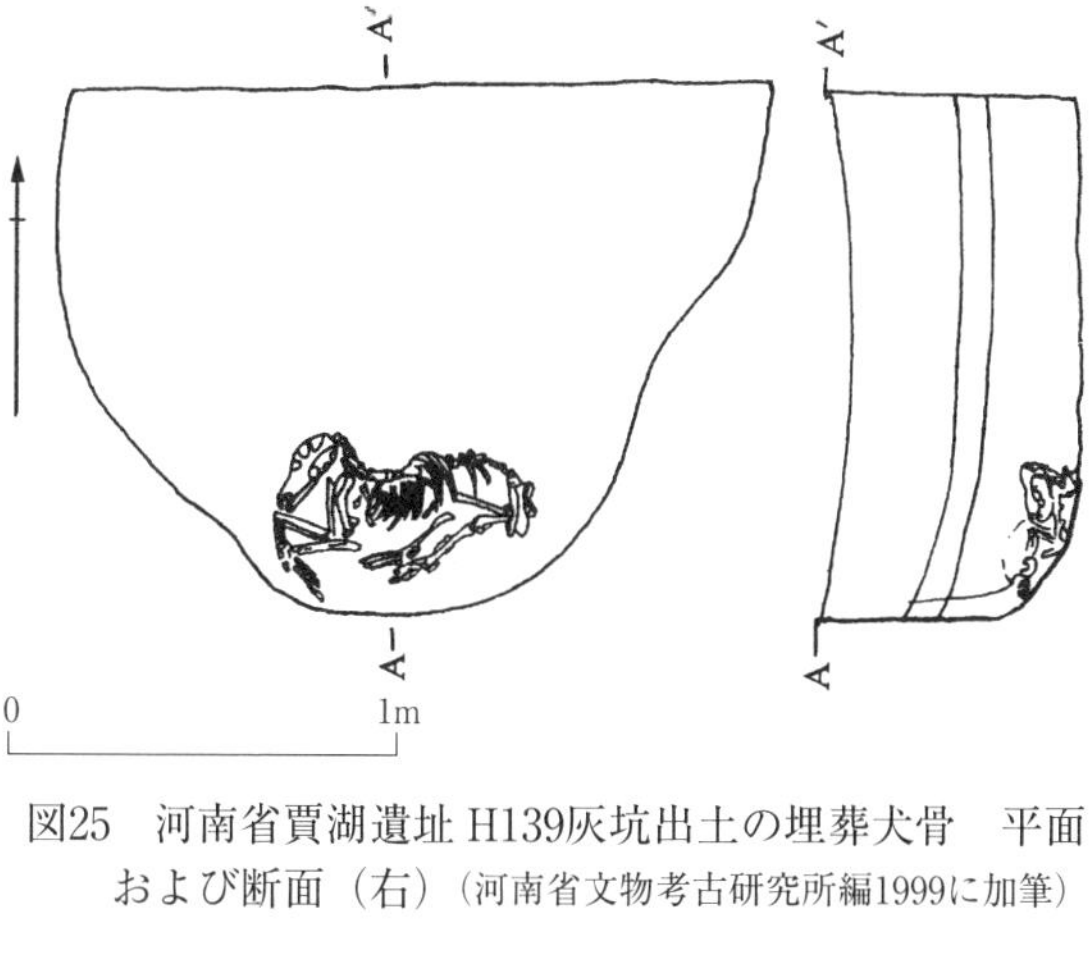

図25　河南省賈湖遺址 H139灰坑出土の埋葬犬骨　平面および断面（右）（河南省文物考古研究所編1999に加筆）

間を省いた可能性も考えられる。しかし、灰坑の壁ぎわの床上に置かれていること、土層断面にも掘り込みが確認できないことから、イヌの埋葬はこの灰坑が埋没の途中や埋没後ではなく貯蔵穴としての役目を終えた直後に埋葬された可能性が高い。したがって、このイヌの埋葬については供犠あるいは犠牲という解釈も可能である。

縄文犬の埋葬形態には賈湖遺址の墓地土坑や居住区、灰坑H139の形態はあっても、墓壙M341の形態はない。墓壙M341の形態は日本に伝わらなかったのかもしれない。賈湖遺址のさまざまな地点で出土した木炭や灰などで測定した^{14}C年代は約八二〇〇〜七〇〇〇年前と幅が大きいので、埋葬形態の異なるこれらの犬骨が同時期のものと考えるよりも、年代的な時間差のある埋葬形態と考えた方が理解しやすい。

そうだとすれば、時間の経過とともに賈湖遺址におけるイヌの埋葬が、単独埋葬→供犠→副葬（殉葬）と変化した可能性が考えられる。とくに墓壙M341は、河南省下王崗《ジャワンガン》遺址一期（仰韶《ヤンシャオ》文化並行：紀元前五〇〇〇〜紀元前三〇〇〇年）の中年男性墓M112や江蘇省劉《リュウ》林《リン》遺址（大汶口《ダウエンコウ》文化：紀元前四一〇〇〜紀元前二六〇〇年）の壮年男性墓M25の男性の足もとから出土した殉葬のイヌに通じる特徴がうかがえるように思われる（図26）。

中国新石器時代のイヌの犠牲

中国の遺址発掘報告書は手に入りにくいので、もう少し岡村秀典（岡村二〇〇五）の報告に沿いながら中国新石器時代遺址の動物埋葬骨の出土状況をみてみよう。

河北省磁《ツーシャン》山遺址（磁山・裴李崗文化：紀元前六〇〇〇～紀元前五五〇〇年）出土の長方形

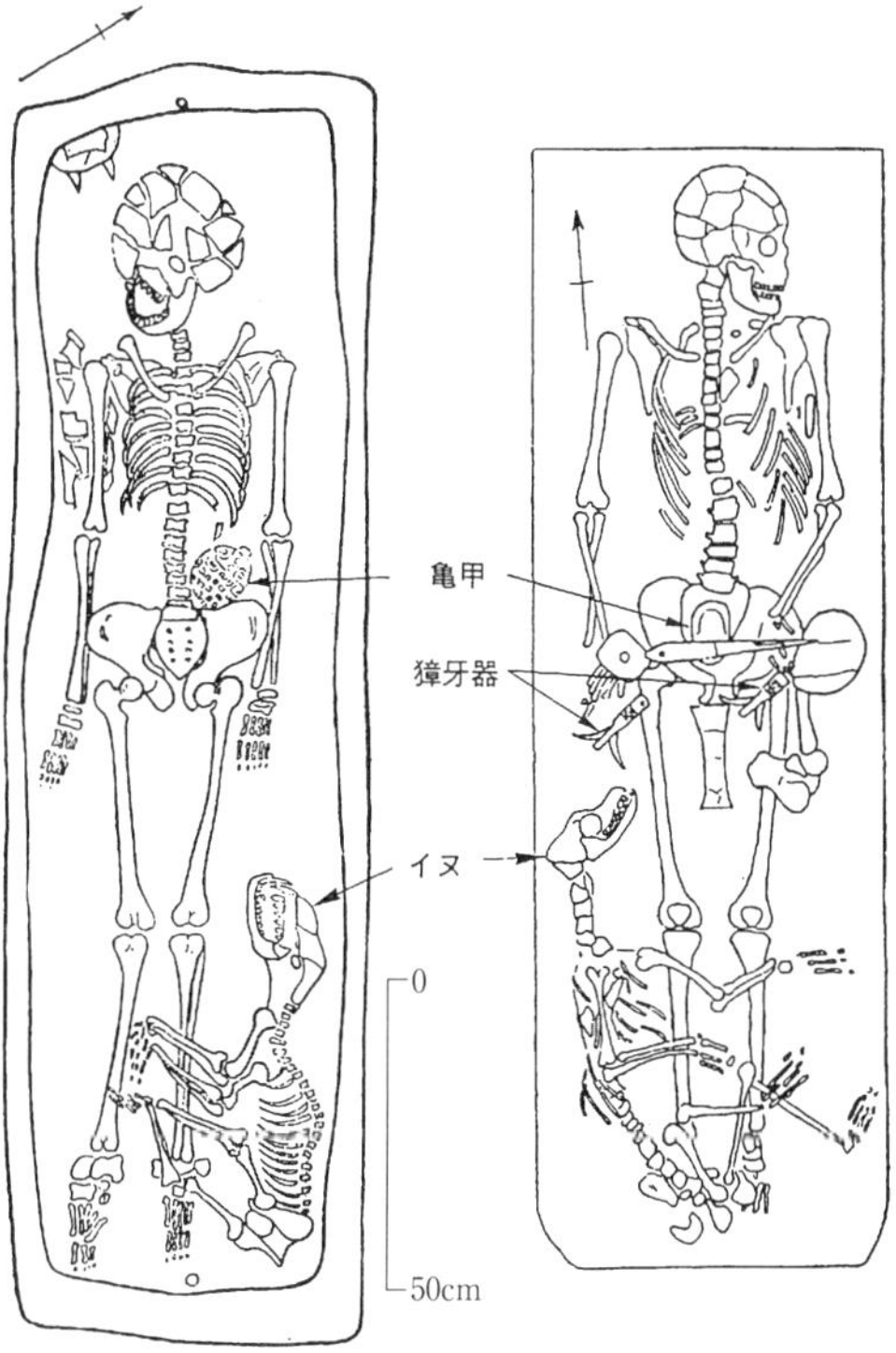

図26　河南省下王崗112号墳（左）と江蘇省劉林25号墳（右）（岡村2005）

坑三四五基のうち八〇基にアワのような穀物が堆積し、そのうちの五基の土坑底部に一〜二歳のブタが埋葬され、その上に穀物が堆積していたという。また、この遺址の長方形坑H107の底部には一体のイヌが埋葬され、その上の穀物が堆積する層は意図的に叩きしめられていた。動物が腐ると穀物は食べられないので、少なくともこれらの穀物は貯蔵用ではなく祭祀用である。この長方形坑H107の埋葬犬が中国最古のイヌの犠牲例と考えられている。

江蘇省龍虬庄《ロンチユウジユアン》遺址（七〇〇〇〜五〇〇〇年前）の二軒の低地住居の下から埋葬犬骨が横位で一体ずつ出土している（図27）。図27のF1とF2がその住居である。住居は高床式で、イヌを埋葬した土坑はイヌの体にあわせたサイズに浅く掘られた土坑である。住居F1では主柱がイヌを埋葬した約八〇センチ×五〇センチの土坑を破壊している。このことから埋葬が住居F1の建築以前であることが明らかで、建物の基壇に犠牲を埋めて土地を祓《はら》い清める奠基《てんき》がおこなわれたと考えられている（龍虬庄遺址考古隊編一九九九）。しかし、住居F1のイヌは肋骨の骨の数がイヌの一三対よりも多すぎ、また残存している脊椎骨の数と配列もイヌのものとは考えにくい。住居F2はイヌでいいが、住居F1に埋葬されていたのは子ブタかもしれない。

また、河南省瓦店《ワーディエン》遺址（紀元前二千年紀）の平地住居F2の下からも埋葬犬骨が出土している。中国の考古学者は奠基がおこなわれたと報告している。仰韶文化に出現する円形袋状土坑は本来、穀物の貯蔵穴だが、河南省の仰韶文化の遺址からは円形袋状土坑から埋葬犬が多く出土している。

河南省中山寨《ジョンシャンザイ》遺址の円形袋状土坑H56では下層・中層それぞれにブタとイヌが一体

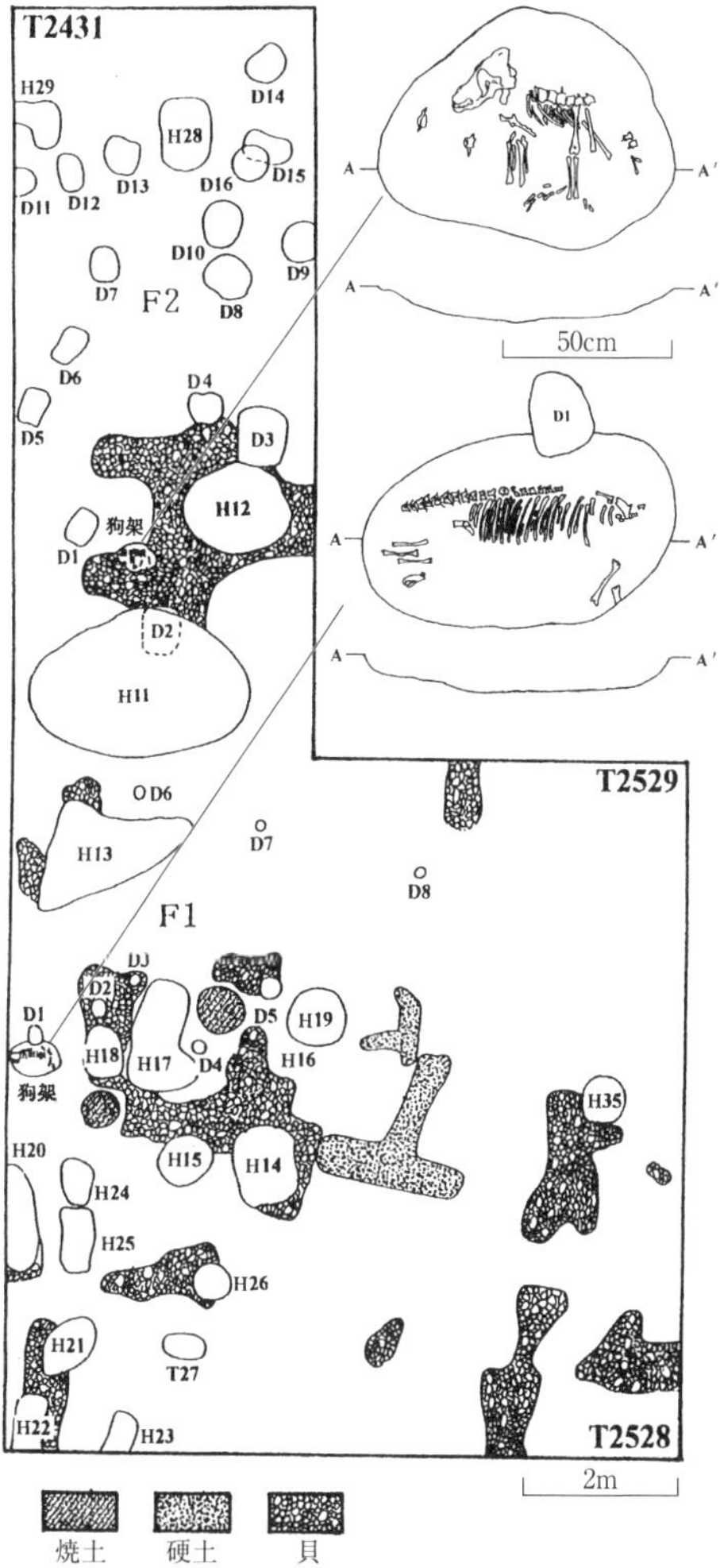

図27　河南省賈湖遺址 H139のイヌ出土状況
（河南省文物考古研究所編1999を改編）

ずつ、そして上層から人が一体出土した。上層の人は生き埋めにされたようで、もがき苦しんだような姿勢で出土した。貯蔵穴を祭祀坑として利用して三次にわたる供犠がおこなわれたと解釈されている（岡村二〇〇五）。

祭祀的な縄文埋葬犬

縄文時代中期後半（^{14}C年代で約四五〇〇年前）の二ツ森《ふたつもり》貝塚と白井大宮台貝塚の埋葬犬は、いずれもイヌと土坑とのサイズがアンバランスで仰韶文化の円形袋状土坑の家畜の埋葬と共通点があることから、死んだイヌをたまたま廃棄された土坑に埋葬したと解釈するよりも、供犠や殉葬を想起するのが自然と思われる。

また、栗ケ沢《くりがさわ》貝塚の住居跡の炉下に埋葬されていたイヌは、住居の構築に先立っておこなわれる奠基を連想させる。有吉南貝塚378号住居跡（中期後半）に埋葬された二号犬と幼猪、白井大宮台貝塚の小竪穴《しょうたてあな》SK-01（中期後半）の主柱穴に埋葬された幼猪、草刈貝塚の住居跡H592B（中期中葉）に埋葬された幼犬、そして水子《みずこ》貝塚15号住居跡（前期前半）に埋葬されたイヌはいずれも主柱穴に葬《ほおむ》られたもので奠基とは時間軸が逆転しているが、住居や土坑の土地神を祀り、邪鬼を祓うという要素で捉えれば類似した行為と思われる。

そうだとすれば、これら埋葬行為は猟犬と並ぶ縄文犬の重要な用途の一つに位置づけられるだろう。

イケニエの意味

岡村（二〇〇五）によると、中国の初期農耕段階から始まった動物供犠には穀物貯蔵穴が利用されているが、貯蔵穴が利用される理由が穀霊信仰や豊穣を祈る農耕儀礼と関係するのか、それともただ穴を掘る手間を省いただけなのかを特定できていないという。

また当時、シカは中国でもブタと同様に多く食用にされているが、シカの埋葬坑は少ない。狩猟という偶然によって得られる野生動物は、臨時的な祭祀に用いられることがあっても季節的、定期的な農耕儀礼には身近に飼養している家畜を用いざるを得なかったからで、副次的には犠牲を生きたままの形で神に捧げなければならないと考えたからだろうと解釈する。甲骨文《こうこつぶん》（亀甲や肩甲骨《けんこうこつ》などに記された占卜《せんぼく》の象形《しょうけい》文字）や『礼記《らいき》』（中国の周末から秦・漢時代の儒者の古礼に関する説を集めた書）には、田猟《でんりょう》（狩り）に伴う儀礼を除けば野生動物を犠牲にすることはまれで、神への供犠には特別に飼育された家畜から選別されたという（岡村二〇〇五）。

『和名類聚抄《わみょうるいじゅしょう》』（平安中期のわが国最初の漢和字書。漢語の音・意義を漢文で注し、万葉仮名で文字の出所を考察・註釈した書）は「犠牲　いけにえ」と訓じており、活《い》かしておいたニエを殺して神に捧げるのがイケニエの本義だと説いている（西郷一九七七）。

出土しない縄文シカの埋葬坑

シカは縄文遺跡から多く出土する大形動物で釣針やモリ先、ヘラなどの骨角器の素材にもなっており、縄文人にとってイノシシやイヌと並ぶ重要な動物の一つだったと思われる。しかし、シカの埋葬例は全国どこの遺跡からも発見されていない。これも中国新石器時代と類似した特徴である。森林に囲まれた縄文時代の集落でシカの仔を得るのは不可能ではないと思われるのに、何故、シカの仔を使った埋葬例がないのだろうか？

シカは食べ物が植物にかたよっている。シカを飼育しようとすれば、人が必要とする食材とは別に木の葉やササ、草などを大量に集めなければならず、エサの確保に手間がかかる。また、繁殖期には一頭のオスが広い場所を独占して多くのメスを囲い込んだハーレムをつくる。メスは妊娠しても出産頭数は通常一仔にとどまるので、縄文人からみればシカを家畜にするうまみはなかったと考えられる。野生動物は、犠牲を必要とする祭祀には使えなかったのだろう。

このように縄文遺跡のイヌや幼猪の埋葬骨の中には、中国新石器時代の神に犠牲を供えて埋葬した祭祀遺構でのイヌや幼猪の出土状況といくつもの共通点をもつものがみとめられる。偶然の一致と考えるよりも、その影響を受けたと考えた方が理解しやすい。縄文時代の狩猟儀礼と考えられているイノシシやシカ、イルカなどの頭部を祀る遺構とは異質と考えるべきだろう。

そして注目すべきことは、今回調査した埋葬犬のうち、供儀の可能性のあるイヌの歯牙の状態や咀嚼筋《そしゃくきん》の発程程度をみるかぎりでは、現役の猟犬である可能性が低いことである。ところが、彼らは冷遇されるどころか、海産魚など縄文人と同じような食事を与えられている点が興味深い。しかし、最も説明がむずかしいのは黄河流域のアワに相当する縄文時代の農作物の存在が証明されていないことである。中国から家畜とともに伝来した農耕儀礼が、豊かな自然に恵まれ農耕を必要としない日本では祭祀の内容が一部変容したのだろうか。今後の検証が必要と思われる。

切断された縄文犬の下顎骨

埋葬人骨に伴って出土

切断加工のあるイヌの右下顎骨は、木戸作遺跡の動物遺存体の鑑定を依頼した東京大学理学部人類学教室から千葉県に返送された一括資料を、筆者が後日、資料閲覧した際にたまたま発見した（小宮一九九二）。標本には「011A号住居跡の一号人骨のそばから出土した」というメモ書きが添えられていた。

この住居跡は縄文時代後期前半の堀之内1式土器（^{14}C年代で約四〇〇〇年前）を伴う竪穴住居跡で、一号人骨というのは住居跡床面から屈葬状態で発見された埋葬人骨である。住居が廃棄されたあと間もなく埋葬されたと考えられる。人骨を鑑定した鈴木隆雄によると、人骨の保存状態が悪いため有効な情報に乏しいが、骨盤の大坐骨切痕《だいざこっせつこん》部の形態から被葬者は成人以上の年齢の女性と推定され、椎骨の一部に変形性脊椎症《せきついしょう》と思われる変形がある（鈴木一九七九）。

イヌの標本も保存状態が悪いが、下顎骨が二ヶ所で切断されている。吻端《ふんたん》に近い前方の切断箇所は犬歯と第一小臼歯の間、後方は第二大臼歯の直後から下顎骨の腹縁に向かってそれぞれ垂直に切り下ろすように切断している（図28）。第一小臼歯は死後に脱落しているので（図28－1cの咬合面《こうごう》参照）、側面の右端にみえる最初の歯は第二小臼歯である（図28－1a・2a）。下顎骨のサイズおよび各歯種のサイズは、いずれも従来知られている縄文犬の変異内にある。残植している各歯の咬耗が著しいことから、年を重ねた生活経験の豊かなイヌだったことがわかる。

切断面の形態は吻側と後端で微妙に異なる。すなわち、吻側の切断面は表面の劣化のため観察しにくいが、頬舌《きょうぜつ》方向に走る細い線状痕がみとめられる。しかし、これは仕上げ加工の痕跡かもしれない。いっぽう、後方の切断面は下顎骨体の緻密質を頬側と舌側を斜め側方から擦《す》り切った面と、残った下顎骨体中心部を直線的に截断《さいだん》する面で構成されている。この切断面には第二大臼歯の遠位根の先端部が露出するが、露出した遠位根先端部も丁寧に截断され磨《みが》かれている。垂直に下ろした後方の切断面と湾曲した下顎骨体腹部との間にできる角は、角きりを施し丸味をもたせている（図28）。

縄文時代の動物下顎骨製品

縄文時代の骨製品の中に哺乳類の下顎骨を切断加工した製品があることは古くから知られている。その多くはタヌキ・キツネ・ニホンオオカミやシカなどの下顎骨の骨体部の遠近両端を丁寧な擦り切りによって切断

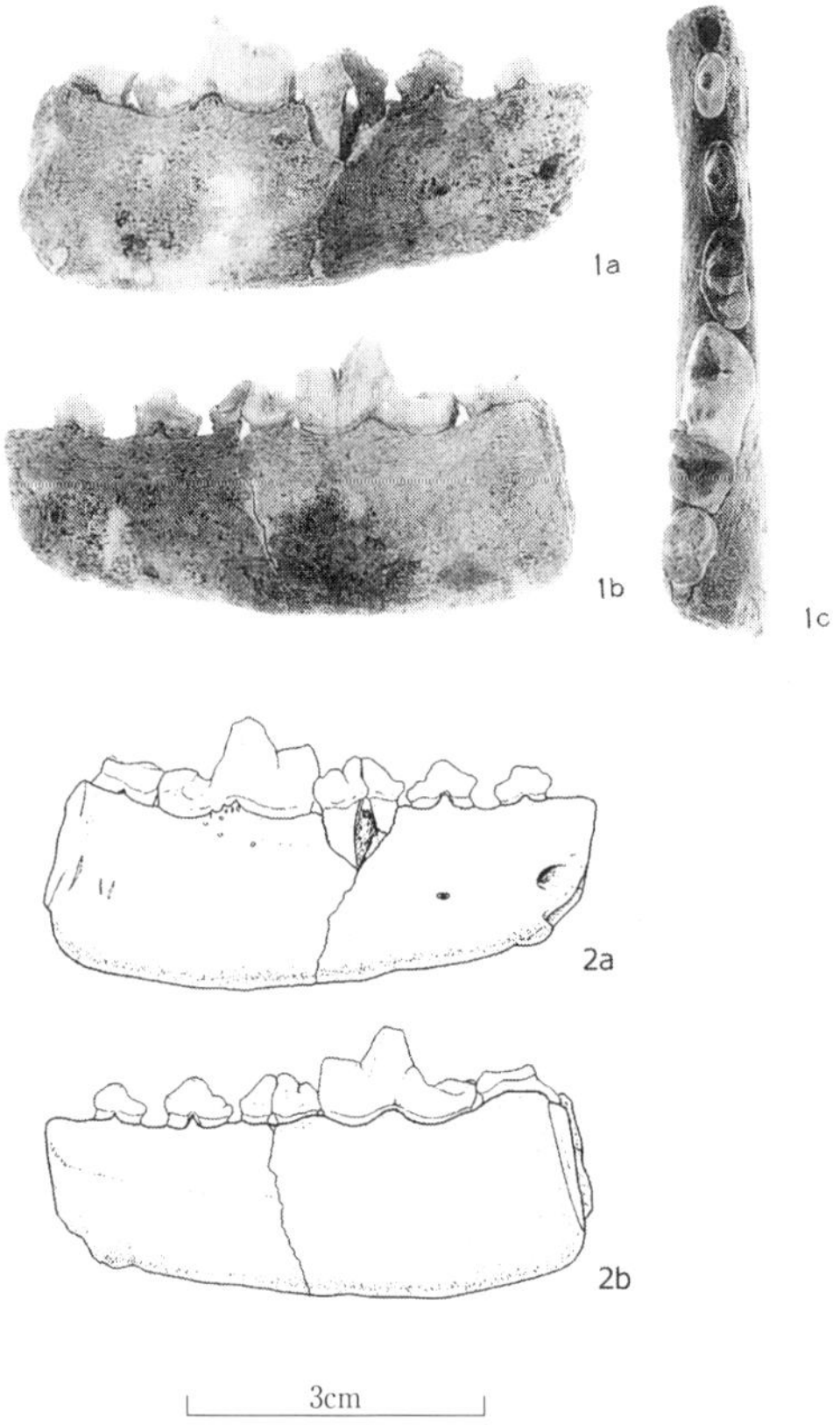

図28　千葉県木戸作貝塚出土の切断イヌ下顎骨　1a・2a：側面，1b・2b：舌側面，1c：咬合面（小宮1992に加筆）

し、下顎歯を残したまま骨体部の一ヶ所もしくは二ヶ所に穿孔を施すものである。詳細は金子浩昌・忍沢成視の報告に譲るが、このほかに海生哺乳類の下顎骨を加工したものがある（金子・忍沢一九八六）。海生哺乳類の下顎骨加工品は、下顎歯を残さずにつくるので、陸上哺乳類の製品とは全体の形態や印象が異なる。

動物下顎骨の加工品は北海道から東北、関東地方の太平洋側の遺跡から出土し、年代は中期から後期までに及ぶ。これまでに発見されたこのタイプの製品に共通した特徴は、素材となる動物が野生動物にかぎられていること、また、左右いずれか一方の側の下顎骨だけでつくられており左右両側が揃って発見されたことがないことである。あるいは、本来は一対でつくられたものが、それぞれ異なる者が分けて所持したために片側だけしかみつからないのかもしれない。いずれにしても、これらの製品で出土状態のわかるものはほとんど知られていない。

従来の野生動物の下顎骨製品の場合、穿孔《せんこう》部分に紐のようなものを通して身につけたことが想像される。また、その多くは老齢の大形個体が選ばれていることから、製品の製作目的の一つは、それを身につけることでその動物がもつ強大な力を呪術的に体得することにあった（金子・忍沢一九八六）のかもしれない。これまでに公表された下顎骨製品の実測図では下顎歯が上向きに描かれているが、興味深いことに穿孔部分に紐を通すと下顎歯の重さで上下がひっくり返り、下顎歯が下を向く。つくられた当時は骨の重さが十分あって下顎歯は下を向かなかったかもしれないが、縄文人にとっては解剖学的な問題は二の次だったと思われる。

木戸作遺跡の加工品がオオカミの幼犬でないことは、残っている歯がすべて永久歯であること、咬耗が激しいことなどからオオカミのサイズに当てはまらないことから明らかである。家畜動物であるイヌを使っている点と、下顎骨に穿孔がみられない点で従来知られる陸上哺乳類の製品とは性質が異なっている。同遺跡からはこの標本を含めて三点のイヌ下顎骨が発見されている（諏訪ほか一九七九）。しかし、三点の下顎骨とこの加工品はいずれも計測値や歯の咬耗度の違いなどから別個体と考えられ、加工品と同一個体に由来する可能性がある犬骨は同遺跡から確認できていない。

木戸作遺跡の加工品の特異性

木戸作遺跡のイヌの下顎骨加工品が従来の下顎骨製品の意匠に従いながらも穿孔を施していないことは、従来の製品が仕留めた野生動物の強大さや物珍しさを誇示することを前提につくられた可能性があるのに対し、家畜動物であるイヌの加工品は人に誇示するためのものでなかったためと考えられる。しかし、ここで筆者が疑問に思うのは、この意匠に沿ったイノシシの下顎骨製品がない点である。下顎加工品が縄文時代中期以降の北日本から東日本に広く分布することを考えると、イノシシの下顎骨製品が出土しておかしくない。イノシシ成獣の下顎骨が分厚いため加工に適さなかった可能性もあるが、技術的な工夫で製品に加工することは可能かと思われる。すでに述べたように、少なくとも中期以降の関東では、イノシシがイヌとともに縄文人の身近な動物になっていた可能性がある。そうだとすると、当時のこの地域の縄文人にとってイノシシは下顎加工品の対象となる動物の範疇《はんちゅう》に含まれていなかったのかもしれない。

ところで、この下顎骨に添えられていたメモ書きのとおり、下顎骨が女性人骨に伴って出土したとすれば、女性は長く生きたこのイヌの下顎骨を自身の身辺に置いていたのかもしれない。さらに想像をたくましくすれば、そのことは女性の縁者も知るところで、女性が亡くなって埋葬する折に遺体の側にイヌの下顎骨も埋葬した可能性が考えられる。この骨は中国の賈湖遺址墓壙M341のように埋葬者の足もとに置かれていたのだろうか、それとも愛知県大曲輪《おおくるわ》貝塚（前期後半）のように埋葬者の胸元に置かれていたのだろうか？

周知の埋葬縄文犬骨の中に、下顎骨が片側しかない事例はまだ報告されていないので、死んだイヌの骨の一部を抜き取って個人の身近に置くことが当時の縄文社会で一般的だった可能性は低いだろう。縄文時代のイヌは狩猟あるいは祭祀に用いる家畜として、おそらく集落の特定の個人に属することなく飼われていたと思われる。そうだとすると、この加工品は、そのような縄文犬の中に特定の個人と親密な関係にあるイヌがこの時期に出現していた可能性を示すものとして注目される。

解体痕のあるイヌの脛骨

加曽利貝塚のイヌの骨

千葉県千葉市若葉区にある加曽利《かそり》貝塚は全国的に名の知れた縄文時代の遺跡である。筆者は一九六〇年代の発掘でこの貝塚から出土し、現在、千葉市立加曽利貝塚博物館が所蔵する動物遺存体標本を調査する機会を得て、イヌ科の遺存体を中心に調査の結果を報告した（小宮二〇一三）。

このイヌの右脛骨《けいこつ》標本はそのうちの一つで解体痕がある。標本には「001-D00016」という黒い文字の注記があって、「64KS　出土地不明」という新しいカードがついている。館職員からは一九六四年（昭和三九）の発掘標本で、いろいろ調べてみたが出土地点はわからないままだと説明を受けた。一九六〇年代は縄文土器の編年研究が活発な時代で、厚い貝層が堆積していて分層の容易な貝塚がさかんに発掘された。動物遺存体は貝塚の貝層にしか残らない特別な考古資料だが、当時の動物遺存体に対する学術的評価は低く、発掘中にこの標本がどのように扱われていたかを想像すると、出土地が不明なのはやむを得ないと思われるが、非常に惜しまれる。

解体の痕跡

遺跡から出土した動物遺存体を詳しく観察すると、骨の表面に人がつけた解体痕（カットマーク）に遭遇することがある。移植ゴテや鎌などの発掘用具でついた傷もあるが、表面についた泥などを水で軽く洗い落とすと新しくついた傷は傷面が新鮮なので古い傷とは区別がつく。貝塚出土の動物骨にみられるカットマークは、縄文人が捕獲した動物を解体する際に使用した石器などの刃先が力あまって骨につけた傷だと理解されている。石器が骨などの固いものに当たると石器の方にも刃こぼれが生じて消耗したと思われる。厚い関東ローム層に被われ、石材が得にくい房総半島の下総《しもうさ》台地の縄文人はとくに石器の消耗を可能なかぎり低く抑えるため、刃の部分が骨には直接当たらないように注意してスジや筋肉を切断していたと考えられるので、カットマークはそう多くはみつからない。というよりも、縄文人としてはみつけて欲しくない傷だったと思われる。

この標本は膝関節に近い近位関節を古い破損面で大きく欠損するが、それ以外はほぼ完存している。図29の一番上の写真は脛骨を前面から撮影したもので、左端が近位方向にあたり、古い破損面にかかった骨稜は脛骨前縁の下部にあたる。現存する最大長から推定復元した脛骨全長は一四〇〜一五〇ミリ前後で、周知の縄文小形〜中小形犬の脛骨全長の範囲内にある。カットマークは写真右端の脛骨遠位端の三ヶ所で、遠位関節から約二・五ミリ上方の脛骨前面に集中し、腓骨《ひこつ》が付着する外側面と内側面および後面にはみられない。走行方向はほぼ一定で、脛骨の長軸にほぼ直交する。図29の中央と一番下の拡大写真に示すように、カットマークの断面はV字型で浅く鋭い。長さは近位端に近い方から四・二ミリ、七・四ミリ、三・八ミリで、腓骨の接面に近いものが最も長い。この部分に起始、もしくは終止する大きな筋肉はないので、脛骨と後

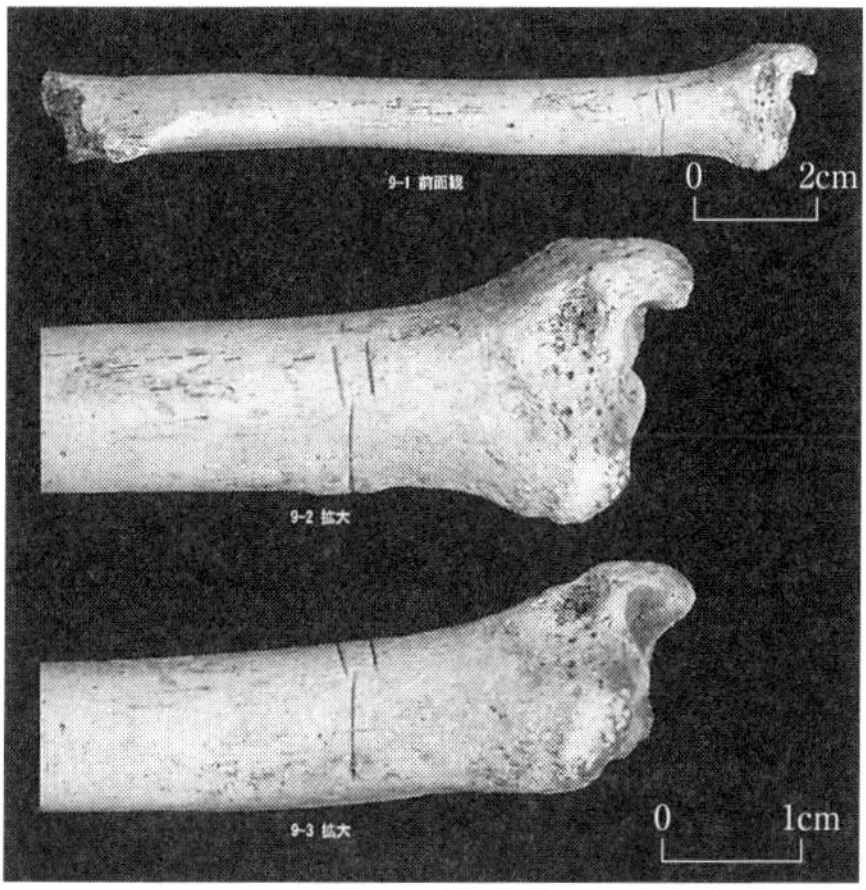

図29　千葉県加曽利貝塚出土の切り傷のあるイヌ脛骨　上：前面，中：同拡大，下：前側面（小宮2013に加筆）

趾をつなぐ強い筋肉や腱を切断するときについた人為的な傷痕と考えられる。

横浜市にある菊名《きくな》貝塚（前期初頭）と元町《もとまち》貝塚（前期末葉〜中期初頭）から散乱状態のイヌの骨が大量に出土したことはすでに述べたが（直良一九七三、茂原二〇〇八）、元町貝塚からはカットマークのあるイヌの左大腿骨の近位部破片がF3区と貝塚残土から合計二点出土している。茂原信生によると、F3区の大腿骨のカットマークは前面の上方から下方に向かう数本の傷で、貝塚残土の大腿骨のカットマークは前面と後面にあって、F3区のものより大きく上方から下方に向かっている。ただし、二点とも時代は特定できていないという（茂原二〇〇八）。

茨城県行方《なめがた》市麻生《あそう》の於下《おした》貝塚（中期）からも人為的な傷痕のあるイヌの右上腕骨《じょうわんこつ》が出土した報告がある（Yuan & Kato, 1993）。筆者の知るかぎりでは、カットマークのみられるイヌの骨の出土例は加曽利貝塚の脛骨を含めても以上の四例にとどまっている。

解体痕がみつかる頻度

福井県三方上中《みかたかみなか》郡若狭町にある鳥浜貝塚は縄文時代前期を中心とする貝塚で、三方五湖《みかたごこ》を通じて日本海に接している。一九八五年度の発掘で設定された発掘区（85L2区）からは前期前半の羽島下層《はしまかそう》Ⅱ式から北白川下層《きたしらかわかそう》Ⅱ式併行土器が出土している。

この発掘区から出土した哺乳類遺存体八二二九点を同定した本郷一美によると、動物種別の内訳で最も点数が多かったのはシカとイノシシである。カットマークをみとめた遺存体は三三〇点（哺乳動物骨全体の四％）で、動物別ではシカが五四点（シカ骨全体の六・一％）、イノシシ一八点（以下、同じく六・一％）、ツキノワグマ二点（三・三％）、カモシカ五点（一三・二％）、ニホンザル三点（一一・五％）、タヌキ一点（五％）などであるという。また、本郷は、動物のサイズによっても縄文人たちの解体や調理の仕方が異なり、同じ種でも幼獣と成獣で異なっていたと思われるので、カットマークのつきやすい骨とつきにくい骨があっただろうと考えている（本郷一九九一）。

筆者が動物遺存体を調査する機会のあった千葉県鴇崎貝塚（早期：小宮未発表）と千葉県武士遺跡（後期前半：小宮一九九八b）から出土した陸上哺乳類遺存体の中で最も多くを占めた動物は同様にシカとイノシシで、このうちカットマークが確認できた骨の割合は、鴇崎貝塚でシカが七％、イノシシ六％と鳥浜貝塚と非常に近い割合になったが、武士遺跡ではシカ二％、イノシシが〇・五％で、タヌキやノウサギなどの小型動物の骨にはみとめられなかった。

縄文人はイヌを食べていたか？

筆者は戦後間もなくの生まれなので、子供の頃の日本はまだ貧しく食糧難でイヌを食べた話をよく耳にした。父は戦争中に徴兵されたが、幸い内地だったので食べるのにあまり苦労することなく無事に帰ってきた。それでも小学生時代の筆者にイヌは赤イヌがうまい。野良犬で赤イヌは全然みかけないだろう？　などと、さも自分でイヌを食べたり、食べている人をみたりしたことがあるかのような話をして、筆者が目を丸くするのを喜んでみていた。

日本では、解体痕や皮を削ぎ取った痕跡が明確なイヌの骨は、弥生時代や中世の遺跡から出土する（茂原一九八五）。弥生時代以降は貝塚がほとんどつくられなくなるため、動物遺存体が出土する遺跡が限定的になる。弥生時代以降、人為的な傷痕のある犬骨がどのくらいの割合に達するのか明らかでないが、動物考古学ではイヌを解体し、食用とする文化は弥生時代以降に現れると考えられている。

中国・明時代の『本草綱目《ほんぞうこうもく》』（一五七八年完成）は薬物に関する集大成であるが、松井章によると、その中でイヌは狩猟用の「田犬」、番犬用の「吠犬」、肥えた「食犬」の三種類に分類されている（松井一九九一）。この分類は日本の『和漢三才図会《わかんさんさいずえ》』（一七一二年〈正徳二〉に成立した百科事典）でも踏襲《とうしゅう》されているので、松井は、当時の日本人にはイヌを食べることにはさほどの違和感はなかっただろうと推理している。さらに、日本では仏教伝来以来、動物の肉は食べないというのが一般的な理解だが、文献資料というのはその文献を書き残した人や当時の支配階級の人たちに都合のいい「建前《たてまえ》」が過大に評価されている可能性があると指摘する。

そして、広島県福山市を流れる芦田《あしだ》川河口にある草戸《くさど》千軒《せんげん》町《ちょう》遺跡（鎌倉〜室町時代）は、洪水で沈んだ中世の町がそのまま川底に保存された遺跡だが、当時の台所の生ゴミの中からはおびただしい数のイヌの骨が出土した。イヌの骨には刃物の傷や火にあぶられた痕跡、長時間煮込まれた痕跡などが多くみとめられたこと、また有名な国宝『上杉本洛中《らくちゅう》洛外《らくがい》図屏風《ずびょうぶ》』の中に、街角で白い雑種犬を餌で手懐《てなず》けようとしている怪しげな二人の「イヌ取り」が描かれていることなどを紹介している（松井一九九一、茂原・松井一九九五）。

現代の猟師が飼う猟犬の中にも、さまざまな個性のものが出る。猟場での働きの悪い新顔のイヌの始末に懲《こ》りたある猟師は、暗闇せまる猟場からの帰り路、疾走する車の中から外へ投げ捨てている（林一九七六）。当時の縄文犬の中にも猟に向かないイヌはある確率で出たはずで、そのようなイヌがいつまでも餌を与えられつづけただろうか？　しかしながら、この加曽利貝塚の年代不明な 001–D0016 標本が将来の年代測定などによって仮に縄文時代に所属することが判明したとしても、ただちにこれを縄文人がイヌを食用にしたりイヌから毛皮を取ったりしていたことの証拠に結びつけるのはまだ危険である。縄文時代というのは、すでにみてきたように早前期にはイヌの頭部を切断して特別に扱う文化が存在した可能性があり、また縄文中期以降でも切断したイヌの前頭部を祀ったり、取り出して加工した下顎骨を身近に置いたりする文化が存在するからである。

縄文犬はどこからきたか？——エピローグ

戦前から戦後にかけての縄文犬の研究は、日本および日本周辺の遺跡から出土した古代犬や野生オオカミの頭蓋骨《とうがいこつ》や下顎骨《かがくこつ》の計測的特徴を比較することで、縄文犬の系統や渡来経路を論議することが主流だった（太田一九八〇）。

縄文犬の渡来ルート

渋谷駅のハチ公を世に知らしめたことで有名な斎藤弘は、豊富な古代犬の計測データをベースにして縄文犬と東北アジアのイヌとのつながりを示唆した（斎藤一九三六）。しかし、東京大学の長谷部言人は、モンゴルや満州、中国などの古代遺跡からは縄文犬を特徴づける小形犬が出土しないことを根拠に東北アジアとのつながりに否定的であるが、東北地方で一部知られていた大形の縄文犬は大陸の沿海州付近から樺太〜北海道をへて渡来した可能性を指摘している。そして、当時データを欠いていた華南地方を調査する必要があると述べている（長谷部一九四三・一九五〇）。アジアの低緯度地域に小形のオオカミやイヌが多く生息していることを長谷部は知っていたのかもしれない。

中国新石器時代の小形犬

一九七〇年代の半ばに中国浙江省にある河姆渡《ヘムドユ》遺址（紀元前五〇〇〇〜三四〇〇年頃）が発掘され、多くの小形犬骨が出土した（浙江省博物館自然組一九七八、浙江自然博物館一九八九）。河姆渡遺址の始まりの年代は縄文時代前期初頭に相当するので、年代的には初期縄文犬の方が河姆渡遺址のイヌよりも古い。縄文犬の祖先の渡来を一度だけでないと考えれば、初期縄文犬が日本列島に定着したあとも、河姆渡遺址の系統のイヌが渡ってきたと考えることも可能かもしれない。

しかし、縄文犬とほぼ同じサイズの新石器時代の中国の小形犬は、紀元前六千年紀の河北省磁山《ツーシャン》遺址（磁山・裴李崗《ペイリガン》文化）や、紀元前五〇〇〇年頃の河南省下王崗《ジヤワンガン》遺址（仰韶《ヤンシヤオ》文化）など縄文時代早期とほぼ同時期の黄河流域の遺址からも出土している（賈・張一九七七、周一九八一）。また、縄文前期以降の遺跡で確認された祭祀的なイヌの埋葬形態が、磁山・裴李崗文化の遺址以降の埋葬形態と類似することはすでにみたとおりで、河姆渡遺址の系統のイヌの影響を考える必要はないと思われる。

筆者は一九九〇年代に中国社会科学院の研究者に同行してもらい、陝西省、河南省、杭州市などの地方の研究機関を訪問し、所蔵する新石器時代の仰韶文化から青銅器時代までの古代犬を調査させてもらった。中国の古代犬は、縄文時代と同年代のものでもサイズが多様で、とくに青銅器時代のイヌは縄文犬よりも大きいものが多い。河姆渡遺址のイヌは小形犬ばかりかと思っていたが、小形犬とともに頭蓋最大長一八〇ミリの個体も出土していた。縄文犬でいえば、頭蓋最大長一四〇ミリ級の愛媛県や愛知県の小形犬と頭蓋最大長一八〇ミリ級の宮城県の大形犬がいっしょに出土したようなものである。

歯牙の損傷がない中国新石器時代のイヌ

中国仰韶文化以降の古代犬骨を観察して筆者がもう一つ気づいたことは、歯牙《しが》が残っている標本はあまりなかったが、歯槽《しそう》はよく残っていて縄文犬のように歯槽の閉じたものがない——つまり発掘後に脱落した歯ばかりで、生前に歯牙を喪失《そうしつ》したイヌはほとんどみられなかったことである。生前の喪失歯と思われるものは下王崗遺址の出土犬骨（M226（6））と河姆渡遺址の出土犬骨（YH15−4）の二点だけだった。前者は頭蓋骨最大長一四五ミリの小形犬で、上顎《じょうがく》右の第四小臼歯《しょうきゅうし》以外すべて抜け落ち、とくに前歯部は広い範囲が多孔質《たこうしつ》の組織で連続的に被われて壊滅状態である。このイヌの歯の喪失には疾患が原因になっている可能性もあって詳しいことは不明である。後者は上顎右の第二小臼歯を生前に失っている。

いずれにしても、なぜ中国の新石器時代犬の歯牙には損傷がほとんどみられないのだろうか？　紀元前六千年紀の磁山遺址出土のブタやニワトリの骨によって、当時すでに現代中国の食文化の基本であるアワ・豚肉・鶏肉・鶏卵の組み合わせが確立していたと理解されている（飯島一九九二）。磁山文化につづく仰韶文化早期、中期の黄河流域の集落ではイヌ、ブタなどの家畜の飼育にあわせて、イノシシ・スイギュウ・スマトラサイなどの野生動物も狩猟しており（賈・張一九七七）、その傾向は紀元前三千年、二千年紀の黄河・長江流域でも引きつづいてみられる（岡村二〇〇五）。当時のイヌが猟犬として利用されていた可能性はあるが、筆者が調査したイヌの多くは猟犬以外の用途――たとえば供犠《くぎ》などに使用された埋葬犬だったのかもしれない。かぎられた時間内での調査だったので、残念ながら犬骨の出土状態を確かめていない。

血液タンパク質の多型

従来から動物考古学が調査対象にしている犬骨のサイズやプロポーションなどには、遺伝的な要素がまったくないわけではないが、これらは生体の外形から識別できるので、人為的な選択の影響を受けやすい。イヌの生物学的な系統を考える場合、人為選択の影響は極力除く必要がある。生体の外形に表現されないイヌの形質として早くから注目されたのが、イヌの血液タンパク質の多型《たけい》である。イヌを選ぶときに通常では血液の性質まで調べようとしないので、血液は人為的な選択の及ばない形質と考えられる。

筆者は遺伝の専門でないので詳細は専門書をみてほしいが、血液を構成する多くのタンパク質や酵素の性質は、遺伝子によって決められているという。イヌの血液タンパク質の中には、性質は同じでも個体のＤＮＡの違いによってアミノ酸の配列が微妙に異なるもの（多型）がある。

岐阜大学の田名部雄一を中心とする研究チームは、現代日本犬、アジア各地の在来犬、ヨーロッパ犬から採血した血液タンパク質のうち、そのような多型がみられた一六種類の血液遺伝子を分析してイヌの品種間の遺伝的な遠近関係を解析した。それによると、最も顕著に犬種の地域差を示したのは血球ガングリオシドモノオキシゲナーゼ erythrocyte ganglioside monooxygenase（以下では *Gmo* と略称）と犬へモグロビン erythrocyte hemoglobin（以下では *Hb* と略称）の二つの血液遺伝子である。*Hb* は常染色体上の対立遺伝子 Hb^{A} と Hb^{B} によって遺伝している。これらはエンドウ豆の子葉の色（緑色と黄色）を支配する対立遺伝子に相当する。Hb^A の遺伝子はアジアの犬種だけにみられるもので、韓国の珍島《チンド》犬、サプサリ犬、済州島《チェジュド》犬やモンゴル在来犬、北サハリン犬で高い頻度で出現する。日本犬ではほとんどの種にわずかの割合で出現したが、例外的に対馬《つしま》犬群や山陰柴《しば》犬では頻度が高い。琉球犬、西表島《いりおもてじま》犬群、中国原産犬やヨーロッパ犬は Hb^B の遺伝子だけをもち、Hb^A は出現しない。

Gmo には Gmo^a と Gmo^g の対立遺伝子がある。Gmo^g の遺伝子はアジアの犬種だけにみられ、日本とその周辺では韓国在来犬と四国犬や紀州犬など西日本の犬種で頻度が高いが、北海道犬にはまったく現れなかった。また、モンゴル在来犬、北サハリン犬や中国北部でつくられたペキニーズなどの犬種で高い頻度で現れたが、中国南部のチャウチャウやパグ、ヨーロッパ犬にはまったく現れなかったという。

これらの調査結果から、研究チームは現代日本犬の遺伝的多様性は日本列島に渡来して住みついていた縄文犬の集団に、弥生人や古墳時代人とともに新たに朝鮮半島からもたらされたイヌが混血することで形成されたが、北海道犬や琉球犬ではあまり混血が起こらなかったと考えた（Tanabe, 1991、田名部一九九六）。

現代日本犬にみられる Hb^A と Gmo^g 遺伝子は、田名部が指摘するように朝鮮半島を経由して入ってきたと考えるのが妥当と思われる。しかし、血液タンパク質の分析データには年代の明らかな古代犬の情報が含まれていないので、混血の起こった時代の特定は困難と思われる。

犬骨の古DNA情報

人や動物の骨はリン酸カルシウムを主体とする無機質成分とコラーゲンを主体とする有機質成分で成り立っているが、遺跡出土の古代人骨や動物骨でも一定の収蔵環境で保存されていれば有機質成分の古ＤＮＡの読み取れる確率が高くなってきた。一つの細胞内の核ＤＮＡは両親からの二コピーしかないが、母系遺伝で伝えられるミトコンドリアＤＮＡ（以下では mtDNA と略称）は数千コピーあって、遺伝子が残存しにくい考古資料では後者が多用されている。

帯広畜産大学の奥村直彦たちは、国内の古代犬骨（縄文犬・弥生犬・古墳犬・鎌倉時代犬）とサハリンや千島列島などに展開したオホーツク文化遺跡の犬骨から増幅した mtDNA の特定部位の塩基《えんき》配列を現代日本犬と比較して、一九の組合わせタイプ（ハプロタイプ：Ｍ1、Ｍ2、Ｍ5、Ｍ10、Ｍ11、Ａ1〜Ａ14）に分類した（Okumura *et al.*, 1999）。犬骨の遺伝子の分類結果を出土遺跡別に地図上に示したものが図30である。地図上の遺跡の位置から伸びる直線の端に示したJ-8やJ-9のアルファベットは犬骨の出土遺跡の年代で、

Jは縄文時代、Yは弥生時代、Kが古墳時代、Cが中世・鎌倉時代、そしてOがオホーツク文化を示している。アラビア数字は出土遺跡を示し、具体な遺跡名は図30の下欄に示した。また、J-8やJ-9などの右にM2、M5などアルファベットとアラビア数字の組合わせで示したものが読み取りに成功したその遺跡のイヌのハプロタイプで個別に示してある。たとえば、J-11は縄文時代の田柄《たがら》貝塚を示し、その右にM5、M5、A2……など一〇のハプロタイプが示されているので、田柄貝塚では一〇個体の犬骨のmtDNAが解読できたことがわかる。

奥村たちによると、mtDNAを分析できた縄文犬の合計は一四遺跡二八個体で、図30全体ではM2とM5の二つのハプロタイプの出現頻度が高い。ハプロタイプM2は、縄文犬以外では弥生犬・中世犬・現代日本犬に比較的高い頻度で出現している。いっぽう、ハプロタイプM5は、縄文犬以外ではオホーツク文化犬に高い頻度で出現しているが、現代日本犬では琉球犬一例だけにとどまり、弥生犬・中世犬には出現していないという(Okumura *et al.* 1999)。

ところで石黒直隆によると、ハプロタイプM5には四四番目と六七番目の塩基一つだけが置換《ちかん》したハプロタイプA2とハプロタイプA6とがあり、また、このハプロタイプA2

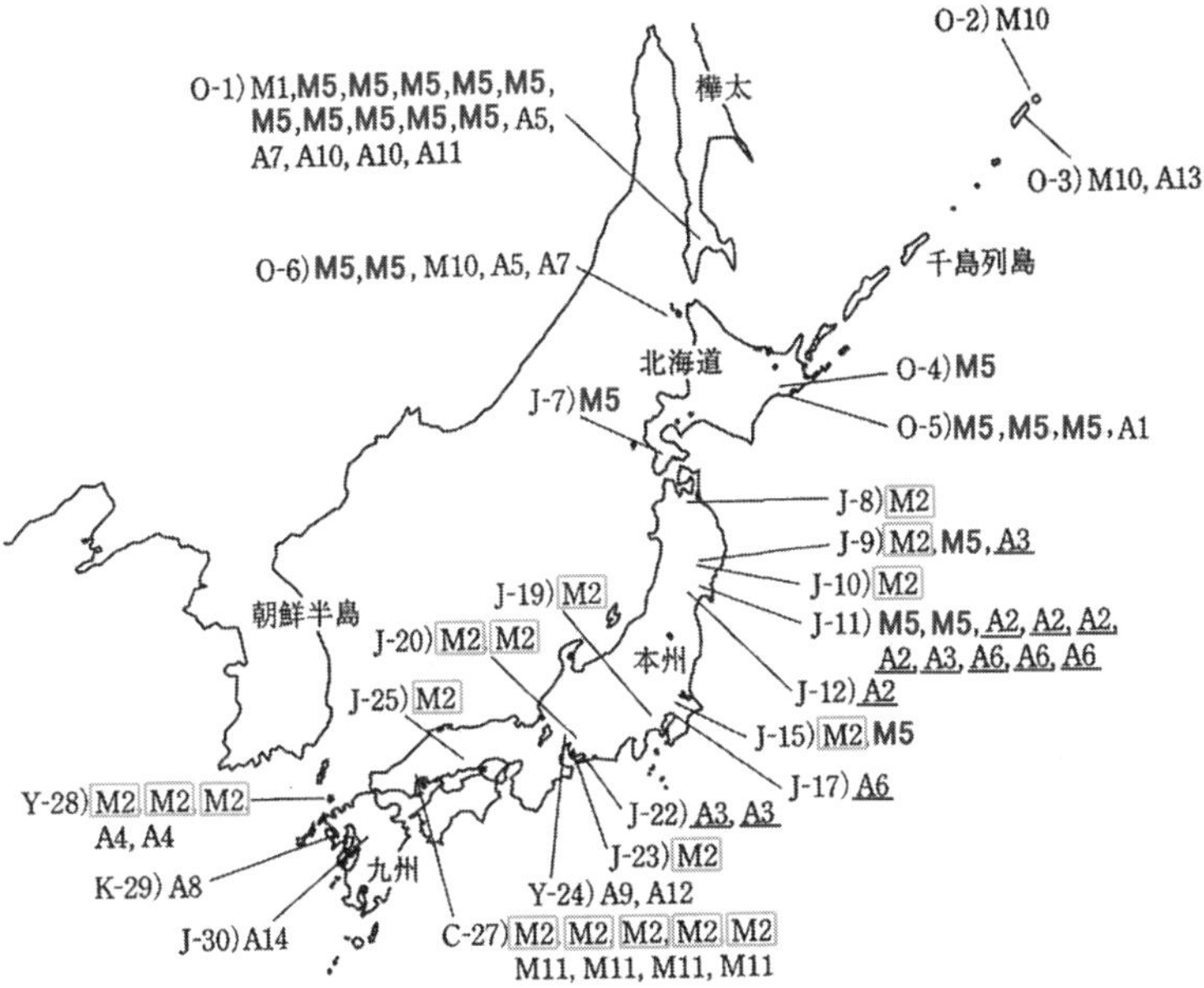

図30　古代犬ミトコンドリア DNA ハプロタイプの分布（Okumura *et al*., 1999に加筆）

オホーツク文化：O-1）鈴谷貝塚，O-2）ムサシ湾遺跡，O-3）占守島遺跡，O-4）トーサムポロ貝塚，O-5）弁天島貝塚，O-6）浜中遺跡，縄文時代：J-7）函館市内貝塚，J-8）是川貝塚，J-9）大洞貝塚，J-10）門前貝塚，J-11）田柄貝塚，J-12）細浦貝塚，J-15）姉崎台貝塚，J-17）加曽利貝塚，J-19）杉田貝塚，J-20）平井貝塚，J-22）伊川津貝塚，J-23）保美貝塚，J-25）羽島貝塚，J-30）轟貝塚，弥生時代：Y-24）朝日遺跡，Y-28）原の辻遺跡，古墳時代：K-29）大門貝塚，中世：C-27）草戸千軒遺跡

の四九番目の一塩基が置換したハプロタイプA3がある（石黒二〇〇三、図31）。ハプロタイプM5およびこれらの近縁な型は、縄文犬では北海道函館市内貝塚から愛知県伊川津《いかわず》貝塚まで日本列島の東半分の地域を中心に分布している（図30では、ハプロタイプA2・A6・A3に下線を施し、またハプロタイプM2を四角枠で囲った）。いっぽう、ハプロタイプM2の分布域は青森県是川《これかわ》貝塚から岡山県羽島《はしま》貝塚までハプロタイプM5の分布域と地理的に広い範囲で重複するが、ハプロタイプM5が確認されていない西日本まで広く分布する傾向が読み取れる。弥生時代以降になると全国的に貝塚の数は急に減少するので、遺跡から発見される犬骨は限定的になる。全国的に少ない弥生犬骨をみたかぎりでは、ハプロタイプA4、A9などが現れており、出現するハプロタイプは縄文犬（とくに東日本の縄文犬）とは傾向が異なっている。

当時の中国大陸はイヌの遺伝子の大きなプールになっていたと推定されるが、イヌの遺伝子は地理的に均質に分布していたとはかぎらない。図30をみると、オホーツク文化が栄えた一〇世紀頃まではハプロタイプM5およびその近縁な型はサハリンや北海道など東アジアの北部に分布の中心があり、ハプロタイプM2とは傾向を異にしていたように思える。縄文犬でこの二つのハプロタイプの頻度が高いことは、縄文犬の祖先が列島の南北から別々に入ってきた可能性を示唆する。

　そうだとすると、縄文犬の祖先を連れてきた人たちはイヌだけを連れてきたのだろうか？　彼らはイヌとともに家畜としてのイヌの利用法、飼育やイヌに関する信仰などのソ

```
                                             1111111111111111112
                        2233344455566666677777790455667777788888991
                        792450492825789012345800675602357013489570
Modern dog      M1  CCCACCGTCGACTCTCCCCT-AGCTTTCTATCCATTAACTGT
haplotype       M2  ...................................T.....
                M3  ..................................CT.....
                M4  ................................G..T.....
                M5  ............................G...........
                M6  .........................C..G...........
                M7  ............................G....C.....AC
                M8  ..........................T.....G..T.....
                M9  ..........................T.............C
                M10 ............................G..........A.
                M11 ............................G..........AC
                M12 T...........................G...........
                M13 ............................G......G.....
                M14 .........................C..G..........C
                M15 .........................C.CG...........
                M16 ........T......T........C...........G..C..
                M17 ...GAT......C.......C...C....GC.........A.
                M18 ...G.......---------C...C....GC.........A.
                M19 ...............T.........C......T...GG..A.
                M20 ...............T.......T.C......T...GG..A.
                M21 ...............T.....G.T.C......T...GG..A.
                M22 ..........C....T.......T.C......T...GG..A.
                M23 ...............T.....G..........T.......A.
                M24 ...........................C...T.C.......
                M25 ......................G..................
                M26 ..G............T.......T.C......T...GG..A.
                M27 ........T......T........C...............C..
                M28 ..........C....................G...G..T.....
Ancient dog     A1  .T..............................G...........
haplotype       A2  ......A.........................G...........
                A3  ......AC.................................
                A4  .........A...................T.....G..T.....
                A5  ...........TC...................G............
                A6  ............C...................G............
                A7  ............C.......C.........G...G........
                A8  .....................G.......G..........AC
                A9  ......................A..........G..T.....
                A10 ...........................C.............C
                A11 ...........................CG............
                A12 ............................G.T......T...
                A13 ............................G.....C......
                A14 ......................................A.
```

図31　現代犬と古代犬のミトコンドリアDNAの198ベースで検出されたハプロタイプ
(Okumura *et al.* 1999)

フト面も同時に携《たずさ》えてきたと考えるのが自然である。縄文犬が列島に渡来した当初は、このような人たちが伝えた大陸由来の多様なイヌの文化が列島各地で展開したと思われ、初期縄文犬骨の多様な出土状態は、その反映と考えられる。

繰り返し述べるように、筆者が調査する機会のあった埋葬縄文犬の頭蓋骨の六〇%以上の個体が生前に歯牙を損傷するので、少なくとも埋葬縄文犬の大部分は歯牙を酷使するイノシシ猟と何らかの関係があると思われる。中国大陸の黄海沿岸や東シナ海沿岸には森林に生息する野生動物の狩猟とブタ飼育を同時におこなう新石器時代初期の遺址が多く存在し（袁二〇一五）、黄河流域にある紀元前六千年紀の遺址ではイヌとブタの多様な埋葬形態や犠牲《いけにえ》が確認されている。

日本列島ではイノシシが更新世後期から生息していたことが明らかで（Dobson & Kawamura, 1998）、また初期の埋葬縄文犬が西日本で多く発見されている。筆者は縄文犬が渡来した可能性がある列島の南北ルートという選択肢では、イヌを使う猟とイノシシ飼育のハウツーはセットで南から伝来し、いずれも中国新石器時代文化の影響を受けた可能性が高いと考えている。骨が溶けやすい酸性土壌が卓越する国内でこのことを実証するのは容易でないが、今後の検討が期待される。

あとがき

私がイヌに関心をもったきっかけは、兄弟のいない幼い私を心配して両親が買い与えてくれた一匹の小形の洋犬だった。成長の早いイヌとは家庭内で覇権争いをしながら両親のねらいどおりの少年時代を過ごし、イヌは忘れられない存在となった。

学部の学生だったころ、縄文時代の考古学の本に「イヌ」という単語は登場しないか、登場しても一つのセンテンスにとどまっていた。本に出てくるたいていの狩猟採集民がイヌを連れているので、なぜ考古学者が遺跡から出土するイヌなどの動物の鑑定を動物学者に丸投げして平気なのか不思議に思っていた。学年が進むと、考古学が研究対象とするのは、遺跡から出土する石器や土器などの道具類や住居跡、古墳などの建造物など人間がつくったもので、それらの研究をつうじて古代の文化を復元する学問だと聞かされた。なるほど、遺跡からたくさん貝殻や魚骨、獣骨が出土しようが人間のつくったものでないので、研究対象にはならないらしい。しかし、遺跡の貝殻や骨は当時の人たちが持ち込んだもので、人の行動が関与した文化的所産である。したがって、その種構成や齢構成などを詳しく調べると、自然界におけるそれらの構成とは全く違っていて、人の行動が浮かび上がってくる。学部と大学院では、指導教授だった清水潤三氏の紹介状をもって学外の専門研究者を訪ね、動物解剖や骨の染色法などの基礎を直接教えてもらい、さまざまな実験器具や顕微鏡などを紹介いただいた。

日本の歴史の中で、大陸文化の影響を強く受けた時代が何度かあるのはよく知られている。縄文時代は一万年近くもつづいた長い時代なので、そのような時期があってもおかしくないという今回の仮説は、たまたま私が大規模開発の進む千葉県に就職していた関係で、行政発掘の対象となった遺跡の獣骨の情報にいち早く接する機会に恵まれたこと、また、多くの友人や学友の協力を得て県内外や国外の犬骨を調査する機会に恵まれることがなければ発想に至らなかっただろうと思われる。

遺跡の発掘報告書は発行部数が少なく、とくに私たちが関わることが多い貝塚の報告書では、埋葬人骨や動物の骨、貝殻などの構成内容の調査結果や化学分析の考察に多くのページが必要になる。図や表、写真図版などのページ数も一般の遺跡発掘報告書より大幅に増えるので、出来上がりは厚く重い報告書になる。そうなると頒価《はんか》も高く、一般の方が気軽に手に取って見る機会はほとんどなくなる。いっぽう、文化財保護や遺跡調査にたずさわる専門職員は、ほとんど一年中、現場調査や報告書の刊行に向けた整理作業などに追われるので、一般向けに日頃の研究成果を発表する機会は多くない。一般の方と考古学との距離は広がるばかりである。

そのような中で、今回、筆者に執筆の機会を与えてくれた吉川弘文館の皆様に心から敬意を表します。また、一般書に不慣れな筆者にたびたびあたたかいご助言を下さった同編集部の石津輝真氏、伊藤俊之氏に厚く御礼申し上げます。最後になりましたが、入手しがたい中国の発掘報告書の情報を何回にも分けて提供下さった中京大学非常勤講師の秋元悦子氏に感謝申し上げます。

令和三年九月

小宮　孟

参考文献

国内の書籍・論文

赤澤威・米田穣・吉田邦夫　一九九三「北村縄文人骨の同位体食性分析」長野県埋蔵文化財センター編『北村遺跡』本文編（『中央自動車道長野線埋蔵文化財発掘調査報告書』一一）、日本道路公団名古屋建設局・長野県教育委員会・長野県埋蔵文化財センター

阿部　恵　一九八〇「宇賀崎貝塚」宮城県教育委員会編『金剛寺貝塚・宇賀崎貝塚・宇賀崎一号墳他』（『宮城県文化財調査報告書』六七）

安藤広道　一九九二「多摩丘陵地域における「陥穴状土壙」の時期」『民俗考古』一、慶應義塾大学文学部民族学考古学研究室

飯島武次　一九九一『中国新石器文化研究』山川出版社

石田　克　一九七八「帝釈観音堂洞窟遺跡土器伴出層準出土の大型・中型哺乳動物遺体」帝釈峡遺跡群発掘調査室編『広島大学文学部帝釈峡遺跡群発掘調査室年報』一

石黒直隆　二〇〇三「古DNA分析で探る縄文犬の系統」『考古学ジャーナル』五〇一

石黒直隆　二〇一二「絶滅した日本のオオカミの遺伝的系統」『日本獣医師会雑誌』六五—三

稲田孝司　一九八六「縄文文化の形成」近藤義郎・横山浩一ほか編『岩波講座日本考古学』六・変化と画期、岩波書店

井上貴央　一九八六「目久美遺跡より検出された動物遺存体について」加茂川改良工事関係埋蔵文化財発掘調査団編『目久美遺跡―加茂川改良工事に伴う埋蔵文化財発掘調査報告書―』米子市教育委員会・鳥取県河川課
内山純蔵　一九九四「出土動物・植物遺存体」島根県鹿島町教育委員会編『佐太講武貝塚発掘調査報告書』二
内山　隆　一九九八「関東地方の植生史」安田喜憲・三好教夫編『図説日本植生史』朝倉書店
江坂輝弥・岡本健児・西田学　一九六七「愛媛県上黒岩岩陰」日本考古学協会洞穴遺跡調査特別委員会編『日本の洞穴遺跡』平凡社
太田克明　一九八〇「犬の家畜化並びに日本在来犬の起源と歴史（総説）」『在来家畜研究会報告』九
大泰司紀之　一九八〇「遺跡出土ニホンジカ下顎骨による性別・年齢・死亡季節査定法」『考古学と自然科学』一三
岡村秀典　二〇〇五『中国古代王権と祭祀』学生社
小川信子・佐野裕恒・霜鳥有功　一九七五「自然遺物」立教大学考古学研究会編『新田野貝塚―千葉県夷隅郡大原町所在の縄文時代貝塚―』
小野慶一・野苅家宏　一九八二「哺乳類・鳥類遺体」千葉県文化財センター編『千葉東南部ニュータウン一〇　小金沢貝塚』千葉県教育委員会・住宅・都市整備公団首都圏都市開発本部
小野慶一・山崎京美・伊藤弘美　一九八六「草刈貝塚の脊椎動物遺骸について」千葉県文化財センター編『千原台ニュータウンⅢ　草刈遺跡（B区）』住宅・都市整備公団首都圏都市開発本部

貝塚爽平・阿久津純・杉原重夫・森脇広　一九七九「千葉県の低地と海岸における完新世の地形変化付・都川・古山川合流点付近沖積層の珪藻群集」『第四紀研究』一七―四
加藤　征　一九九二「白井大宮台貝塚人骨」千葉県文化財センター編『小見川町白井大宮台貝塚確認調査報告書』千葉県教育委員会
金子浩昌　一九六七「下北半島における縄文時代の漁猟活動」九学会連合下北調査委員会編『下北―自然・文化・社会―』平凡社
金子浩昌　一九七二「宮の原貝塚出土の動物遺骸の概要」武蔵野美術大学考古学研究会編『宮の原貝塚』
金子浩昌　一九八三「イヌは良き友だった―縄文犬と人間の関係をさぐる―」『アニマ』一二一、平凡社
金子浩昌・忍沢成視　一九八六『骨角器の研究』縄文篇一、慶友社
上奈保美　二〇一〇「哺乳類」千葉県教育振興財団文化財センター編『千原台ニュータウン二三―市原市草刈遺跡（H区）―』都市再生機構千葉地域支社・千葉県教育振興財団
河村善也　一九九二「広島県帝釈峡遺跡群における哺乳類の層序学的分布」『第四紀研究』三一―一
河村善也　一九九八「第四紀における日本列島への哺乳類の移動」『第四紀研究』三七―三
環境庁編　一九七九『環境白書』昭和五四年版
木越邦彦　一九八六「年代測定」加茂川改良工事関係埋蔵文化財発掘調査団編『目久美遺跡―加茂川改良工事に伴う埋蔵文化財発掘調査報告書―』米子市教育委員会・鳥取県河川課

岸本雅敏　一九八六「遺跡の立地と層位」富山県埋蔵文化財センター編『都市計画街路七美・太閤山・高岡線内遺跡群発掘調査概要（四）―南太閤山Ⅰ遺跡―』富山県教育委員会
木村幾太郎　一九九三「長崎県鷹島海底遺跡出土動物遺存体」鷹島町教育委員会編『鷹島海底遺跡Ⅱ（『長崎県北松浦郡鷹島町床浪港改修工事に伴う緊急発掘調査報告書』）
木村真明　一九九六「青森県放射性炭素（^{14}C）年代測定結果一覧表」『青森県埋蔵文化財センター研究紀要』一
工藤雄一郎ほか　二〇一六「鳥浜貝塚から出土した大形植物遺体の^{14}C年代測定―縄文時代草創期から前期の堆積物層序と土器形式の年代の再検討―」『植生史研究』二四
工藤雄一郎・国立歴史民俗博物館編　二〇一四『ここまでわかった！縄文人の植物利用』（『歴博フォーラム』）、新泉社
クラットン＝ブロック（増井久代訳）一九八九『図説・動物文化史事典』原書房
桑山龍進　一九八〇『菊名貝塚の研究』菊名貝塚研究会
小林和彦　一九八九「赤御堂遺跡から出土した動物遺存体」八戸市教育委員会編『赤御堂遺跡』
小林謙一　二〇〇七「縄紋時代前半期の実年代」『国立歴史民俗博物館研究報告』一三七
小林達雄　一九七五「縄文人の生活」『図詳ガッケン・エリア教科事典』一・日本歴史、学研
小林達雄　一九八九「縄文土器の様式と型式・形式」小林達雄編『縄文土器大観』四・後期・晩期・続縄文』小学館
小宮　孟　一九八五「遺跡出土の動物遺骸にもとづく動物分布と生業の復原」『千葉県文化財センター

研究紀要』九
小宮　孟　一九八七「一括サンプル内出土の自然遺物」千葉県文化財センター編『千葉市小中台遺跡』千葉県都市部・千葉県文化財センター
小宮　孟　一九九二「千葉県木戸作貝塚出土の切断加工痕のあるイヌ下顎骨」『千葉県立中央博物館研究報告』二—一
小宮　孟　一九九五a「福島県三貫地貝塚出土の縄文犬骨の再記載」『千葉県立中央博物館研究報告』四—一
小宮　孟　一九九五b「松戸市栗ケ沢遺跡出土の埋葬犬骨」『松戸市立博物館紀要』二
小宮　孟　一九九五c「居合台遺跡出土の脊椎動物遺体」山武郡市文化財センター編『居合台遺跡』愛時資運株式会社・山武郡市文化財センター
小宮　孟　一九九八a「千葉県干潟町桜井平遺跡出土の脊椎動物遺存体」千葉県文化財センター編『干潟工業団地埋蔵文化財調査報告書—干潟町諏訪山遺跡・十二殿遺跡・茄子台遺跡・桜井平遺跡—』千葉県企業庁・千葉県文化財センター
小宮　孟　一九九八b「武士遺跡出土脊椎動物遺存体」千葉県文化財センター編『市原市武士遺跡』(『福増浄水場埋蔵文化財調査報告書』二・第二分冊、千葉県水道局・千葉県教育委員会
小宮　孟　二〇〇二「青森県二ツ森貝塚のフラスコ状土坑底から出土した縄文犬骨の考古学的意味」『千葉県立中央博物館研究報告』七—二
小宮　孟　二〇〇五「貝塚産魚類組成から復元する縄文時代中後期の東関東内湾漁撈」『*Anthropological*

Science (Japanese Series)』一一三―二
小宮　孟　二〇〇八「三七八住居跡出土犬骨及び幼猪骨」千葉県教育振興財団文化財センター編『千葉東南部ニュータウン四〇　千葉市有吉南貝塚』都市再生機構千葉地域支社・千葉県教育振興財団
小宮　孟　二〇一三「加曽利貝塚博物館収蔵のイヌおよびオオカミ遺存体」『貝塚博物館紀要』四〇、千葉市立加曽利貝塚博物館
小宮　孟　二〇一五『貝塚調査と動物考古学』(『考古学研究調査ハンドブック』五)、同成社
小宮　孟　二〇一九「動物考古学からみた縄文時代のイヌ」大石高典・近藤祉秋・池田光穂編『犬からみた人類史』勉誠出版
小宮孟・戸村正己　一九九七「千葉県境遺跡出土の縄文犬骨」『千葉県立中央博物館研究報告』五―一
小宮孟・小林理恵・安部みき子　二〇〇三「千葉県武士遺跡出土イノシシの齢構成にもとづく屠殺季節と家畜イノシシの検討」『*Anthropological Science (Japanese Series)*』一一一―二
今野晃嗣　二〇一九「イヌとヒトをつなぐ眼」大石高典・近藤祉秋・池田光穂編『犬からみた人類史』勉誠出版
西郷信綱　一九七七「イケニエについて」『神話と国家―古代論集―』(『平凡社選書』五三)、平凡社
斎藤　弘　一九三六「日本犬の祖先」『日本犬』五―一
斎藤　弘　一九四〇「大山史前学研究所所蔵日本石器時代家犬遺骨に関する報告並びに内地史前家犬の分類」『史前学雑誌』一二
斎藤　弘吉　一九六四『日本の犬と狼』雪華社

佐藤宏之　一九八九　「陥し穴猟と縄文時代の狩猟社会」渡辺仁教授古稀記念論文集刊行会編『考古学と民族誌—渡辺仁教授古稀記念論文集—』六興出版
茂原信生　一九八六　「東京大学総合研究資料館所蔵長谷部言人博士収集犬科動物資料カタログ」東京大学総合研究資料館人類・先史部門編『東京大学総合研究資料館標本資料報告』一三
茂原信生　一九九四　「城ノ台南貝塚出土の縄紋時代早期犬骨」岡本東三編『城ノ台南貝塚発掘調査報告書』（『千葉大学文学部考古学研究報告』一）、千葉大学文学部考古学研究室
茂原信生　一九九五　「水子貝塚の埋葬犬骨」富士見市教育委員会編『水子貝塚—史跡整備事業に伴う発掘調査報告書—』
茂原信生　二〇〇五　「三引遺跡出土の縄文時代犬骨に関する考察」石川県埋蔵文化財センター編『七尾市三引遺跡』四（『一般国道四七〇号線（能越自動車道）改良工事及び主要地方道氷見田鶴浜線建設工事に係る埋蔵文化財緊急発掘調査報告書』九）、石川県教育委員会
茂原信生　二〇〇八　「横浜市中区 No.2 遺跡（元町貝塚）出土の縄文時代犬骨」横浜市ふるさと歴史財団埋蔵文化財センター編『中区 No.2 遺跡（元町貝塚）本発掘調査報告』横浜市環境創造局
茂原信生・小野寺覚　一九八六　「田柄貝塚出土犬骨の形態的特徴について」宮城県教育委員会編『田柄貝塚』一一一、宮城県教育委員会・建設省東北地方建設局
茂原信生・馬場悠男・芹沢雅夫　一九八八　「薄磯貝塚出土の家犬およびオオカミ」いわき市教育文化事業団編『薄磯貝塚—縄文時代晩期貝塚の調査—』いわき市教育委員会・いわき市教育文化事業団
茂原信生・本郷一美・網谷克彦　一九九一　「鳥浜貝塚出土（一九八五年度調査）の哺乳類遺存体」『国

立歴史民俗博物館研究報告』二九

茂原信生・松井章　一九九五「草戸千軒町遺跡出土の中世犬骨」広島県草戸千軒町遺跡調査研究所編『草戸千軒町遺跡発掘調査報告書三―南部地域北半部の調査―』広島県教育委員会

茂原信生・土肥直美　二〇〇三「笠利町宇宿小学校構内遺跡出土の埋葬犬骨（縄文時代前期　鹿児島県）」『奄美考古　特集・宇宿小学校構内遺跡発掘調査報告』奄美考古学研究会

茂原信生・平口哲夫・櫻井秀雄　二〇〇四「三引遺跡出土のイヌならびに他の中小型哺乳類」石川県埋蔵文化財センター編『田鶴浜町三引遺跡』三・下層編（『一般国道四七〇号線（能越自動車道）改良工事及び主要地方道氷見田鶴浜線建設工事に係る埋蔵文化財緊急発掘調査報告書』八）、石川県教育委員会・石川県埋蔵文化財センター

ジョハンソン, D. C., ジョハンソン, L. C., エドガー（馬場悠男訳）一九九六『人類の祖先を求めて』（『別冊日経サイエンス』一一七）、日経サイエンス社

白井邦彦　一九七九「シカとシカ猟」『*Shooter's Japan '79-80*』全日本狩猟倶楽部

白井邦彦　一九九二「イノシシとその狩猟」『*Shooter's Japan '92-93*』全日本狩猟倶楽部

杉原重夫　一九九一「示標テフラの検出と^{14}C年代測定値」千葉市教育委員会・千葉市文化財調査協会編『千葉市神門遺跡―縄文時代早・前期を主とした低湿地遺跡の調査―』千葉市教育委員会

杉原荘介・芹沢長介　一九五七『神奈川県夏島における縄文文化初頭の貝塚』（『明治大学文学部研究報告』考古学二）、明治大学文学研究所

鈴木保彦・小宮孟　一九七七「横浜市菊名貝塚出土の文化遺物と自然遺物」『神奈川考古』二

鈴木隆雄　一九七九「木戸作遺跡第五貝塚出土の一号人骨および二号人骨について」千葉県文化財センター・日本住宅公団首都圏宅地開発本部
ンター編『千葉東南部ニュータウン七　木戸作遺跡（第二次）』千葉県文化財センター・日本住宅公団首都圏宅地開発本部

諏訪元・山田格・阿部修二　一九七九「爬虫類、鳥類、哺乳類遺体」千葉県文化財センター編『千葉東南部ニュータウン七　木戸作遺跡（第二次）』千葉県文化財センター・日本住宅公団首都圏宅地開発本部

田名部雄一　一九九六「日本犬の起源とその系統」『日本獣医師会雑誌』四九

千葉県文化財センター編　一九七九『千葉東南部ニュータウン七　木戸作遺跡（第二次）』千葉県文化財センター・日本住宅公団首都圏宅地開発本部

千葉県文化財センター編　一九八二『千葉東南部ニュータウン一〇　小金沢貝塚』千葉県教育委員会・住宅・都市整備公団首都圏都市開発本部

千葉県教育振興財団文化財センター編　二〇〇八『千葉東南部ニュータウン四〇　千葉市有吉南貝塚』都市再生機構千葉地域支社・千葉県教育振興財団

千葉県文化財センター編　一九九二『小見川町白井大宮台貝塚確認調査報告書』千葉県教育委員会

千葉県文化財センター編　一九九六『佐原市鴇崎貝塚発掘調査報告書』千葉県教育委員会

天間林村教育委員会編　一九九四『二ツ森貝塚』

土岐仲雄（酒詰仲男）・竹下次作　一九三六「神奈川県都筑郡中川村山田字西ノ谷貝塚に於ける埋葬されたる犬の全身骨格発掘に就いて」『史前学雑誌』八―二

鳥浜貝塚研究グループ編　一九八七　『鳥浜貝塚―一九八〇〜一九八五年度調査のまとめ―』　福井県教育委員会・福井県立若狭歴史民俗資料館
中村俊夫　二〇〇九　「^{14}C年代測定と堆積年代解析」　佐賀市教育委員会編　『東名遺跡群』Ⅱ・第六分冊
中村俊夫・安井健一　一九九九　「貝殻を用いた^{14}C年代測定」『千葉県文化財センター研究紀要』一九
中村俊夫ほか　二〇一二　「^{14}C年代から暦年代への較正に関連する諸問題」『名古屋大学加速器質量分析計業績報告書』二三
直良信夫　一九七三　「日本および日本周辺地域の古代家犬骨」『古代遺跡発掘の家畜遺体』　日本中央競馬会弘済会
直良信夫　一九八〇　「横浜市鶴見区北寺尾上ノ宮貝塚発掘の獣骨について」　桑山龍進　『菊名貝塚の研究』　菊名貝塚研究会
新美倫子　一九九一　「愛知県伊川津遺跡出土ニホンイノシシの年齢及び死亡時期査定について」『国立歴史民俗博物館研究報告』二九
西村正衛・菊池義次・金子浩昌　一九五八　「岩手県大船渡市清水貝塚」『古代』二九・三〇
西村正衛・金子浩昌　一九六〇　「千葉県香取郡鴇崎貝塚」『古代』三五
西本豊弘　一九八〇　「美沢4遺跡出土動物遺存体」　北海道埋蔵文化財センター編　『フレペッ遺跡群―新千歳空港建設用地内埋蔵文化財発掘調査報告書―』
西本豊弘　一九八六　「富山県南太閤山Ⅰ遺跡出土の動物遺体」　富山県埋蔵文化財センター編　『南太閤山Ⅰ遺跡』（『都市計画街路七美・太閤山・高岡線内遺跡群発掘調査概要』四）、富山県教育委員会

長谷部言人　一九二九「石器時代家犬に就いて（追加第三）」『人類学雑誌』四四―五
長谷部言人　一九四三「安陽古墳出土家犬遺残に就いて」『人類学雑誌』五八―九
長谷部言人　一九五〇「日本石器時代の大型犬とその起源」『人類学雑誌』六一―二
畠山三郎太　一九六七「北海道天都山貝塚の始原犬」『北海道考古学』三
林　良博　一九七六「猟犬」『アニマ』四五、平凡社
林良博・西田隆雄・望月公子　一九七七「日本産イノシシの歯牙による年齢と性の判定」『日本獣医学雑誌』三九
早瀬亮介・小原圭一　二〇一四「放射性炭素（AMS）年代測定」富山県文化振興財団埋蔵文化財調査事務所編『小竹貝塚』第二分冊・自然科学分析編
春成秀爾　二〇〇一「更新世末の大形獣の絶滅と人類」『国立歴史民俗博物館研究報告』九〇
平本嘉助　一九八一「骨からみた日本人身長の移り変わり」『考古学ジャーナル』一九七
藤井功・前田潮　一九六六「松戸市栗ケ沢遺跡調査報告」大塚史学会編『松戸市栗ケ沢遺跡調査報告』一、松戸市教育委員会
文化庁編　二〇一七『埋蔵文化財関係統計資料』平成二八年度
堀越正行　一九七七a「小竪穴考（三）」『史館』八
堀越正行　一九七七b「小竪穴考（四）」『史館』九
本郷一美　一九九一「哺乳類遺存体に残された解体痕の研究―鳥浜貝塚85区出土の獣骨をとおして―」『国立歴史民俗博物館研究報告』二九

松井　章　一九九一「土に埋もれた日本の食犬文化―中世の遺跡から出土する犬骨のひみつ―」『アニマ』二二一、平凡社
丸山真史ほか　二〇〇九「動物遺存体」佐賀市教育委員会編『東名遺跡群』Ⅱ・第六分冊
三浦慎悟　一九九一「日本産偶蹄類の生活史戦略とその保護管理―標本個体群の検討から―」朝日稔・川道武男編『現代の哺乳類学』朝倉書店
三土正則　一九九七「わが国の土壌の特性」『肥料科学』一九
宮尾嶽雄・西沢寿晃・鈴木茂忠　一九八〇「早期縄文時代長野県栃原岩蔭遺跡出土の哺乳動物　第一報　出土哺乳動物相」『哺乳動物学雑誌』八―五
宮尾嶽雄・西沢寿晃・花村肇　一九八七「早期縄文時代長野県栃原岩蔭遺跡出土の哺乳動物　第六報　イヌおよび中・小型食肉類」『長野県考古学会誌』五三
宮城県教育委員会編　一九八六『田柄貝塚』宮城県教育委員会・建設省東北地方建設局
藪田慎司　二〇一九「イヌはなぜ吠えるか」大石高典・近藤祉秋・池田光穂編『犬からみた人類史』勉誠出版
山縣純次ほか　一九九三「イヌの歯の成長に関するX線学的観察―形態の変化と成歯交代図について―」『獣医畜産新報』四六
山崎健ほか　二〇一四「脊椎動物遺存体」富山県文化振興財団埋蔵文化財調査事務所編『小竹貝塚』第二分冊・自然科学分析編
山下靖雄　一九九五「歯と歯周組織」佐々木元賢編『口腔外科学』口腔保健協会

米田　穣　一九九八「骨から食物を読む」『日本の科学者』三三―九
米田　穣　二〇〇八「縄文人骨及び動物骨の同位体分析」千葉県教育振興財団文化財センター編『千葉東南部ニュータウン四〇　千葉市有吉南貝塚』都市再生機構千葉地域支社・千葉県教育振興財団
米田穣ほか　一九九六「長野県出土人骨における炭素・窒素安定同位体比および微量元素量に基づく古食性の復元」『第四紀研究』三五―四
渡邊直經　一九五〇「遺跡に於ける骨類の保存」『人類学雑誌』六一―二
渡辺　誠　一九八〇「哺乳類・爬虫類」南知多町教育委員会編『先苅貝塚』

海外の書籍・論文

Axelsson, E., *et al.* 2013. The genomic signature of dog domestication reveals adaptation to a starch-rich diet. *Nature*,495 : 360-364.
Clutton-Brock, Juliet. 1995. Origins of the dog: domestication and early history.（in）Serpell, J. ed. “*The Domestic Dog*”: 7-20, Cambridge University Press, UK.
Crane, H. R. and Griffin, J. B. 1958. University of Michigan radiocarbon dates III. *Science*, 128: 1117-1123.
Crane, H. R. and Griffin, J. B. 1960. University of Michigan radiocarbon dates V. *Radiocarbon*, 2: 31-48.
Davis, S. J. M. and F. R. Valla. 1978. Evidence for domestication of the dog 12,000 years ago in the Natufian of Israel. *Nature*, 276: 608-610.
Degerbøl, M. 1961. On a find of a Preboreal domestic dog（*Canis familiaris* L.）from Star Carr, Yorkshire,

with remarks on other Mesolithic dogs. *Proceedings of the Prehistoric Society*, 27: 35-55,1-6pls.

Dobson, M. and Y. Kawamura. 1998. Origin of the Japanese land mammal fauna: allocation of extant species to historically-based categories. *The Quaternary Research*, 37(5): 385-395.

Evans, H. E. 1993. The digestive apparatus and abdomen, in: Evans, H. E. ed. "*Miller's Anatomy of the Dog*, 3rd edition", 385-462, W. B. Saunders Company, Philadelphia. USA.

Gakuhari, T. *et al*. 2015. Radiocarbon dating of one human and two dog burials from the Kamikuroiwa Rock Shelter site, Ehime Prefecture. *Anthropological Science*, 123(2): 87-94.

Germonpré, M. *et al*. 2009. Fossil dogs and wolves from Palaeolithic sites in Belgium, the Ukraine and Russia: osteometry, ancient DNA and stable isotopes. *Journal of Archaeological Science*, 36: 473-490.

Germonpré, M., Lázničková-Galetová, M., Sablin, M. V. 2012. Paloelithic dog skulls at the Gravettian Předmostí site, the Czech Republic. *Journal of Archaeological Science*, 39: 184-202.

Hermanson, J. W. and H. E. Evans. 1993. The Muscular System, in: Evans, H. E. ed. *"Miller's Anatomy of the Dog, third edition"*: 258-384, W. B. Saunders Company, Philadelphia, USA.

Iwase, A. *et al*. 2012. Timing of megafaunal extinction in the late Late Pleistocene on the Japanese Archipelago. *Quaternary International*, 255: 114-124.

Janssens, L. *et al*. 2018. A new look at an old dog: Bonn-Oberkassel reconsidered. *Journal of Archaeological Science*, 92: 126-138.

Kawamura, Y. 2007. Last glacial and Holocene land mammals of the Japanese Islands: their fauna, extinction and immigration. *Quaternary Research,* 46(3): 717-177.

Komiya, H., *et al.* 2015. Morphological characteristics of buried dog remains excavated from the Kamikuroiwa Rock Shelter site, Ehime Prefecture, Japan. *Anthropological Science*, 123(2): 73-85.

Masuda, R. and T. Sato. 2015. Mitochondrial DNA analysis of Jomon dogs from the Kamikuroiwa Rock Shelter site in Shikoku and the Higashimyo site in Kyusyu, Japan. *Anthropological Science*, 123(2): 95-98.

Matschke, G. H. 1967. Aging European wild hogs by dentition. *Journal of Wildlife Management*, 31(1): 109-113.

Matsumura, S., Y. Inoshima, N. Ishiguro. 2014. Reconstructing the colonization history of lost wolf lineages by the analysis of the mitochondrial genome. *Molecular Phylogenetics and Evolution*, 80: 105-112.

O' Connor, S. R. Ono, C. Clarkson. 2011. Pelagic fishing at 42,000 years before the present and the maritime skills of modern humans. *Science*, 334: 1117-1121.

Okumura, N. *et al.* 1999. Variations in mitochondrial DNA of dogs isolated from archaeological sites in Japan and neighbouring islands. *Anthropological Science*, 107(3): 213-228.

Sablin, M. V. and Khlopachev G. A. 2002. The earliest ice age dogs: evidence from Eliseevichi I. *Current Anthropology*, 43(5): 795-799.

Sano, K. *et al.* 2019. The earliest evidence for mechanically delivered projectile weapons in Europe. *Nature Ecology and Evolution*, 3: 1409-1414.

Sato, T. *et al.* 2015. Rediscovery of the oldest dog burial remains in Japan. *Anthropological Science*, 123(2):

99-105.

Tanabe, Y.. 1991. The origin of Japanese dogs and their association with Japanese people. *Zoological Science*, 8: 639-651.

Yonamine, H., *et al*. 1980. Radiographic studies on skeletal growth of the pectoral limb of the beagle. *Japanese Journal of Veterinary Science*, 42: 417-425.

Yuan, J. and K., Shimpei. 1993. On the cut marks on small-sized animal bones excavated from the Oshita shellmound, Ibaraki Prefecture, Japan. *Bulletin Natural History and Institute, Chiba*, 2(2): 37-43.

周　本雄　一九八一　「河北武安磁山遺址的動物骨骸」『考古学報』一九八一―三：三三九―三四七

河南省文物考古研究所編　一九九九　『舞陽賈湖』科学出版社

賈蘭坡・張振標　一九七七　「河南淅川県下王崗遺址中的動物群」『文物』一九七七―六：四一―四九

龍虬庄遺址考古隊編著　一九九九　『龍虬庄　江蘇省新石器時代遺址発掘報告』科学出版社

袁　靖　二〇一五　『中国動物考古学』文物出版社

袁靖・李珺　二〇一〇　「河北省徐水県南庄頭遺址出土動物骨格研究」『考古学報』二〇一〇―三：三八五―三九二

浙江省博物館自然組　一九七八　「河姆渡遺址動植物遺存的鑑定研究」『考古学報』一九七八―一：九五―一〇六、図版一―四

浙江自然博物館　一九八九　『浙江余姚河姆渡新石器時代遺址動物群』海洋出版社

著者紹介
一九四七年、東京都に生まれる
一九七〇年、慶應義塾大学文学部史学科卒業
一九七四年、慶應義塾大学大学院文学研究科史学専攻修士課程修了
千葉県立中央博物館歴史学研究科長・慶應義塾大学文学部非常勤講師などを経て
現在、総合研究大学院大学・先導科学研究科客員研究員

〔主要著書〕
『考古学研究調査ハンドブック5 貝塚調査と動物考古学』（同成社、二〇一五年）
『犬からみた人類史』（共著、勉誠出版、二〇一九年）

歴史文化ライブラリー
537

イヌと縄文人
狩猟の相棒、神へのイケニエ

二〇二一年（令和三）十二月一日 第一刷発行

著者 小《こ》宮《みや》 孟《はじめ》

発行者 吉川道郎

発行所 株式会社 吉川弘文館
東京都文京区本郷七丁目二番八号
郵便番号一一三―〇〇三三
電話〇三―三八一三―九一五一〈代表〉
振替口座〇〇一〇〇―五―二四四
http://www.yoshikawa-k.co.jp/

印刷＝株式会社 平文社
製本＝ナショナル製本協同組合
装幀＝清水良洋・高橋奈々

ISBN978-4-642-05937-4

歴史文化ライブラリー

1996.10

刊行のことば

現今の日本および国際社会は、さまざまな面で大変動の時代を迎えておりますが、近づきつつある二十一世紀は人類史の到達点として、物質的な繁栄のみならず文化や自然・社会環境を謳歌できる平和な社会でなければなりません。しかしながら高度成長・技術革新にともなう急激な変貌は「自己本位な刹那主義」の風潮を生みだし、先人が築いてきた歴史や文化に学ぶ余裕もなく、いまだ明るい人類の将来が展望できていないようにも見えます。このような状況を踏まえ、よりよい二十一世紀社会を築くために、人類誕生から現在に至る「人類の遺産・教訓」としてのあらゆる分野の歴史と文化を「歴史文化ライブラリー」として刊行することといたしました。

小社は、安政四年（一八五七）の創業以来、一貫して歴史学を中心とした専門出版社として書籍を刊行しつづけてまいりました。その経験を生かし、学問成果にもとづいた本叢書を刊行し社会的要請に応えて行きたいと考えております。

現代は、マスメディアが発達した高度情報化社会といわれますが、私どもはあくまでも活字を主体とした出版こそ、ものの本質を考える基礎と信じ、本叢書をとおして社会に訴えてまいりたいと思います。これから生まれでる一冊一冊が、それぞれの読者を知的冒険の旅へと誘い、希望に満ちた人類の未来を構築する糧となれば幸いです。

吉川弘文館

歴史文化ライブラリー

考古学

タネをまく縄文人 最新科学が覆す農耕の起源——小畑弘己
イヌと縄文人 狩猟の相棒、神へのイケニエ——小宮　孟
老人と子供の考古学——山田康弘
顔の考古学 異形の精神史——設楽博己
〈新〉弥生時代 五〇〇年早かった水田稲作——藤尾慎一郎
文明に抗した弥生の人びと——寺前直人
樹木と暮らす古代人 木製品が語る弥生・古墳時代——樋上　昇
アクセサリーの考古学 倭と古代朝鮮の交渉史——高田貫太
古　墳——土生田純之
東国から読み解く古墳時代——若狭　徹
埋葬からみた古墳時代 女性・親族・王権——清家　章
神と死者の考古学 古代のまつりと信仰——笹生　衛
土木技術の古代史——青木　敬
国分寺の誕生 古代日本の国家プロジェクト——須田　勉
東大寺の考古学 よみがえる天平の大伽藍——鶴見泰寿
海底に眠る蒙古襲来 水中考古学の挑戦——池田榮史
銭の考古学——鈴木公雄
ものがたる近世琉球 喫煙・園芸・豚飼育の考古学——石井龍太

古代史

邪馬台国の滅亡 大和王権の征服戦争——若井敏明
日本語の誕生 古代の文字と表記——沖森卓也
日本国号の歴史——小林敏男
日本神話を語ろう イザナキ・イザナミの物語——中村修也
六国史以前 日本書紀への道のり——関根　淳
東アジアの日本書紀 歴史書の誕生——遠藤慶太
〈聖徳太子〉の誕生——大山誠一
倭国と渡来人 交錯する「内」と「外」——田中史生
大和の豪族と渡来人 葛城・蘇我氏と大伴・物部氏——加藤謙吉
白村江の真実 新羅王・金春秋の策略——中村修也
よみがえる古代山城 国際戦争と防衛ライン——向井一雄
よみがえる古代の港 古地形を復元する——石村　智
古代豪族と武士の誕生——森　公章
飛鳥の宮と藤原京 よみがえる古代王宮——林部　均
出雲国誕生——大橋泰夫
古代出雲——前田晴人
古代の皇位継承 天武系皇統は実在したか——遠山美都男
古代天皇家の婚姻戦略——荒木敏夫

歴史文化ライブラリー

壬申の乱を読み解く—早川万年
戸籍が語る古代の家族—今津勝紀
地方官人たちの古代史 律令国家を支えた人びと—中村順昭
古代の都はどうつくられたか 中国・日本・朝鮮・渤海—吉田 歓
平城京に暮らす 天平びとの泣き笑い—馬場 基
平城京の住宅事情 貴族はどこに住んだのか—近江俊秀
すべての道は平城京へ 古代国家の〈支配の道〉—市 大樹
都はなぜ移るのか 遷都の古代史—仁藤敦史
聖武天皇が造った都 難波宮・恭仁宮・紫香楽宮—小笠原好彦
天皇側近たちの奈良時代—十川陽一
藤原仲麻呂と道鏡 ゆらぐ奈良朝の政治体制—鷺森浩幸
遣唐使の見た中国—古瀬奈津子
古代の女性官僚 女官の出世・結婚・引退—伊集院葉子
〈謀反〉の古代史 平安朝の政治改革—春名宏昭
平安朝 女性のライフサイクル—服藤早苗
平安貴族の住まい 寝殿造から読み直す日本住宅史—藤田勝也
平安京のニオイ—安田政彦
平安京の災害史 都市の危機と再生—北村優季
平安京はいらなかった 古代の夢を喰らう中世—桃崎有一郎
天神様の正体 菅原道真の生涯—森 公章
平将門の乱を読み解く—木村茂光
安倍晴明 陰陽師たちの平安時代—繁田信一
平安時代の死刑 なぜ避けられたのか—戸川 点
古代の神社と神職 神をまつる人びと—加瀬直弥
古代の食生活 食べる・働く・暮らす—吉野秋二
大地の古代史 土地の生命力を信じた人びと—三谷芳幸
時間の古代史 霊鬼の夜、秩序の昼—三宅和朗

中世史

列島を翔ける平安武士 九州・京都・東国—野口 実
源氏と坂東武士—野口 実
敗者たちの中世争乱 年号から読み解く—関 幸彦
平氏が語る源平争乱—永井 晋
熊谷直実 中世武士の生き方—高橋 修
中世武士 畠山重忠 秩父平氏の嫡流—清水 亮
頼朝と街道 鎌倉政権の東国支配—木村茂光
六波羅探題 京を治めた北条一門—森 幸夫
大道 鎌倉時代の幹線道路—岡 陽一郎
仏都鎌倉の一五〇年—今井雅晴

歴史文化ライブラリー

鎌倉北条氏の興亡――奥富敬之
三浦一族の中世――高橋秀樹
伊達一族の中世「独眼龍」以前――伊藤喜良
弓矢と刀剣 中世合戦の実像――近藤好和
その後の東国武士団 源平合戦以後――関 幸彦
荒ぶるスサノヲ、七変化〈中世神話〉の世界――斎藤英喜
曽我物語の史実と虚構――坂井孝一
鎌倉浄土教の先駆者 法然――中井真孝
親 鸞――平松令三
親鸞と歎異抄――今井雅晴
畜生・餓鬼・地獄の中世仏教史 因果応報と悪道――生駒哲郎
神や仏に出会う時 中世びとの信仰と絆――大喜直彦
神仏と中世人 宗教をめぐるホンネとタテマエ――衣川 仁
神風の武士像 蒙古合戦の真実――関 幸彦
鎌倉幕府の滅亡――細川重男
足利尊氏と直義 京の夢、鎌倉の夢――峰岸純夫
高 師直 室町新秩序の創造者――亀田俊和
新田一族の中世「武家の棟梁」への道――田中大喜
皇位継承の中世史 血統をめぐる政治と内乱――佐伯智広
地獄を二度も見た天皇 光厳院――飯倉晴武
南朝の真実 忠臣という幻想――亀田俊和
信濃国の南北朝内乱 悪党と八〇年のカオス――櫻井 彦
中世の巨大地震――矢田俊文
大飢饉、室町社会を襲う！――清水克行
中世の富と権力 寄進する人びと――湯浅治久
中世は核家族だったのか 民衆の暮らしと生き方――西谷正浩
出雲の中世 地域と国家のはざま――佐伯徳哉
中世武士の城――齋藤慎一
戦国の城の一生 つくる・壊す・蘇る――竹井英文
徳川家康と武田氏 信玄・勝頼との十四年戦争――本多隆成
戦国大名毛利家の英才教育 元就・隆元・輝元と妻たち――五條小枝子
戦国大名の兵粮事情――久保健一郎
戦乱の中の情報伝達 使者がつなぐ中世京都と在地――酒井紀美
戦国時代の足利将軍――山田康弘
〈武家の王〉足利氏 戦国大名と足利的秩序――谷口雄太
室町将軍の御台所 日野康子・重子・富子――田端泰子
名前と権力の中世史 室町将軍の朝廷戦略――水野智之
摂関家の中世 藤原道長から豊臣秀吉まで――樋口健太郎

歴史文化ライブラリー

戦国貴族の生き残り戦略——岡野友彦
鉄砲と戦国合戦——宇田川武久
検証 長篠合戦——平山 優
織田信長と戦国の村 天下統一のための近江支配——深谷幸治
検証 本能寺の変——谷口克広
明智光秀の生涯——諏訪勝則
加藤清正 朝鮮侵略の実像——北島万次
落日の豊臣政権 秀吉の憂鬱、不穏な京都——河内将芳
豊臣秀頼——福田千鶴
イエズス会がみた「日本国王」 天皇・将軍・信長・秀吉——松本和也
海賊たちの中世——金谷匡人
アジアのなかの戦国大名 西国の群雄と経営戦略——鹿毛敏夫
琉球王国と戦国大名 島津侵入までの半世紀——黒嶋 敏
天下統一とシルバーラッシュ 銀と戦国の流通革命——本多博之

民俗学・人類学

日本人の誕生 人類はるかなる旅——埴原和郎
倭人への道 人骨の謎を追って——中橋孝博
役行者と修験道の歴史——宮家 準
幽霊 近世都市が生み出した化物——髙岡弘幸
雑穀を旅する——増田昭子
川は誰のものか 人と環境の民俗学——菅 豊
記憶すること・記録すること 聞き書き論ノート——香月洋一郎
柳田国男 その生涯と思想——川田 稔

各冊一七〇〇円～二一〇〇円（いずれも税別）
▽残部僅少の書目も掲載してあります。品切の節はご容赦下さい。
▽品切書目の一部について、オンデマンド版の販売も開始しました。
詳しくは出版図書目録、または小社ホームページをご覧下さい。